U0127966

贛文化通典

——詩詞卷 第二冊

目録

▌第一編　晉唐江西詩歌▐

第二編　宋元江西詩詞（上）

第三編　宋元江西詩詞（下）

第五編　清代近代江西詩詞

第五章 | 近代江西詩詞

贛西北詩詞

　　贛西北的詩詞創作主要以洪州分寧（今江西修水）為中心，輻射至武寧、銅鼓、靖安、星子、宜豐等地。在唐五代時期，這一地區的詩人活動比較少，但在宋代實現了歷史大轉變，出現了以黃庭堅家族為中心的著名詩人，還有受其影響的惠洪等，突出地體現了江西詩詞的地域性、家族性特徵。他們的出現，特別是黃庭堅以其卓越的詩歌藝術成就，成為「江西詩派」的宗主，標示著江西詩詞的創作到達了歷史的巔峰。

第一節 ▶ 黃庭堅

一、生平、思想與政治態度

　　黃庭堅（1045-1105），字魯直，自號山谷道人，晚號涪翁，又稱黃豫章，洪州分寧（今江西修水）人。英宗治平四年（1067）進士，調葉縣尉。神宗熙寧五年（1072），除北京國子監教授。元豐三年（1080），改知吉州太和縣。六年，移監德州德平鎮。哲宗立，召為校書郎、《神宗實錄》檢討官。逾年遷著

作佐郎，加集賢校理。擢起居舍人、秘書丞。紹聖二年（1095），新黨謂其修史「多誣」，以元祐黨人貶涪州別駕，安置黔州。元符三年（1100），徽宗即位，召還，不久以文字罪除名，羈管宜州。崇寧四年（1105），卒於貶所。黃庭堅擅文章、詩詞，工書法。詩風奇崛瘦硬，力擯輕俗之習，開一代風氣，為江西詩派創始人。早年受知於蘇軾，與張耒、晁補之、秦觀並稱「蘇門四學士」，詩與蘇軾並稱「蘇黃」。著有《豫章黃先生文集》《山谷琴趣外篇》。

　　總起來看，黃庭堅的一生大致可以元祐八年（1093）哲宗親政分為前後兩期。前期較為順利；後期除徽宗即位初時，餘則長期被貶。《宋史·黃庭堅傳》有相關記載：

　　　黃庭堅，字魯直，洪州分寧人。幼警悟，讀書數過輒成誦……舉進士，調葉縣尉。熙寧初，舉四京學官，第文為優，教授北京國子監，留守文彥博才之，留再任。蘇軾嘗見其詩文，以為超軼絕塵，獨立萬物之表，世久無此作。由是聲名始震。知太和縣，以平易治……

　　　哲宗立，召為校書郎、神宗實錄檢討官。逾年，遷著作郎，加集賢校理。

　　　《實錄》成，擢起居舍人。丁母艱……除服，為秘書丞，提點明道宮，兼國史編修官。紹聖初，出知宣州，改鄂州。章惇、蔡卞與其黨論《實錄》多誣，俾前史官分居畿邑以待問……庭堅書「用鐵龍爪治河，有同兒戲」。至是首問焉。對曰：「庭堅時官北部，嘗親見之，真兒戲耳。」凡有

問，皆直辭以對，聞者壯之。貶涪州別駕，黔州安置，言者猶以處善地為飢法。以親嫌，遂移戎州。庭堅泊然，不以遷謫介意。蜀士慕從之游，講學不倦，凡經指授，下筆皆可觀。

徽宗即位，起監鄂州稅，僉書寧國軍判官，知舒州，以吏部員外郎召，皆辭不行。丐郡，得知太平州，至之九日罷，主管玉隆觀。庭堅在河北與趙挺之有微隙，挺之執政，轉運判官陳舉承風旨，上其所作《荊南承天院記》，指為幸災，復除名，羈管宜州。三年，徙永州，未聞命而卒，年六十一。

庭堅學問文章，天成性得，陳師道謂其詩得法杜甫，學甫而不為者。善行、草書，楷法亦自成一家。與張耒、晁補之、秦觀俱游蘇軾門，天下稱為「四學士」，而庭堅於文章尤長於詩，蜀、江西君子以庭堅配軾，故稱「蘇、黃」。軾為侍從時，舉以自代，其詞有「瑰偉之文，妙絕當世；孝友之行，追配古人」之語，其重之也如此。初，游皖山谷寺、石牛洞，樂其林泉之勝，因自號山谷道人云。[1]

黃庭堅的思想以儒家為主，圓融佛、道兩家，構成「外圓內方」的獨特思想，即內心洞達世事，外表和光同塵，特別強調「正心」「克己」「靜慮」等。他的一些「自白」說明了這點：

---

1 脫脫等：《宋史》卷四四四。

俗裡光塵合，胸中涇渭分。（《次韻答王慎中》）

胸次九流清似鏡，人間萬事醉如泥。（《戲效禪月作遠公詠》）

大概佛法與《論語》《周易》意旨不遠。（《與王雍提舉》）

古人學問，亦別無用處，舉其心以加諸彼而已。（《與胡少汲書》）

讀書須一言一句，自求己身，方見古人用心處，如欲進道，須謝外慕，乃得全功。又云：置心一處，無事不辨。讀書先令心不馳走，庶言下有理會……又云：學問須從治心養性中來，濟以玩古之功。[2]

魯直少喜學佛，遂作《發願文》云：「今日對佛發大誓，願從今日盡未來世，不復淫欲飲酒食肉；設復為之，當墮地獄，為一切眾生代受其苦。」可謂能堅忍者也。其後悉毀禁戒，無一能行之，於詩句中可見矣。[3]

黃庭堅的性格與政治態度和蘇軾相類，都比較超脫，不以貶謫為意。他雖屬舊黨，卻對新舊黨爭持較公允的態度。其夫子自道有：

2　袁參坡：《庭幃雜錄》卷下引黃庭堅語，《叢書集成新編》本。
3　胡仔：《苕溪漁隱叢話》（後集），第 233 頁。

浮雲一百八盤縈，落日四十九波明。鬼門關外莫言遠，四海一家皆弟兄。(《竹枝詞》)

成王小心似文武，周召何妨略不同。不須要出我門下，實用人材即至公。(《病起荊江亭即事十首》)

他人對此亦有評論：

魯直於怡心養氣，能為人所不為，故用於讀書、為文學，致思高遠，亦似其為人。[4]

橫禍所加，隨處安受，不悔不折。[5]

二、詩學主張

黃庭堅之所以被奉為「江西詩派」的宗主，首先是因為他一系列獨到的、系統的詩學主張，這對同時及後世詩人都產生了極其深遠的影響。

其一，強調人格修養對詩歌境界的影響。黃庭堅《與洪甥駒父書》云：

君子之事親，當立身行道，揚名於後，文章直是太倉之

---

4 晁補之：《書魯直題高求父楊清亭詩後》，《雞肋集》卷三三，文淵閣《四庫全書》本。

5 包恢：《跋山谷書范孟博傳》，《敝帚稿略》卷五，文淵閣《四庫全書》本。

一稊米爾。**6**

黃庭堅認為，與事功相比較，文章只能列於第二位。其《次韻楊明叔四首序》又云：

> 文章者，道之器也；言者，行之枝葉也。**7**

這種「道」，體現於作品就是其思想內容，也就是儒家的道德倫理；在作家身上就內化為他的品格修養、精神境界。黃庭堅往往將「道」概括為「孝友忠信」，稱之為「根本」，認為只有始終不渝地培養這個根本，才能使文學的枝葉茂盛。在黃庭堅的詩文中，常以此誨示後輩學子，如：

> 學問文章，如甥才氣筆力，當求配於古人，勿以賢於流俗遂自足也。然孝友忠信是此物之根本，極當加意，養以敦厚醇粹，使根深蒂固，然後枝葉茂爾。**8**
> 文章乃其粉澤，要須探其根本。**9**
> 此事（指文學）要須從治心養性中來，濟以學古之功，

6　黃庭堅：《山谷集》，外集卷十，文淵閣《四庫全書》本。
7　黃庭堅：《山谷集》卷六，文淵閣《四庫全書》本。
8　黃庭堅：《答洪駒父書》，《山谷集》卷一九。
9　黃庭堅：《與徐師川書》，《山谷集》別集卷一七。

三月聚糧，可至千里。**10**

其二，重視師法、吸取前人的創作經驗和創作成就。黃庭堅是在繁榮的唐詩以及宋代的歐、蘇之後出現的作家，豐富的文學遺產給他提供了大量的借鑑，「點鐵成金」「奪胎換骨」的詩歌理論應運而生。其《答洪駒父書》云：

> 自作語最難，老杜作詩，退之作文，無一字無來處，蓋後人讀書少，故謂韓、杜自作此語耳。古之能為文章者，真能陶冶萬物，雖取古人之陳言入於翰墨，如靈丹一粒，點鐵成金也。**11**

惠洪《冷齋夜話》卷一對其「點鐵成金」「奪胎換骨」的內涵予以例釋：

> 山谷云：「詩意無窮，而人之才有限。以有限之才，追無窮之意，雖淵明、少陵不得工也。然不易其意而造其語，謂之換骨法；窺入其意而形容之，謂之奪胎法。」……又如李翰林曰：「鳥飛不盡暮天碧。」又曰：「青天盡處沒孤鴻。」然其病如前所論（指氣不長）。山谷作《登達觀台》詩曰：

10 黃庭堅：《與秦少章書》，《山谷集》卷一九。
11 黃庭堅：《山谷集》卷一九。

「瘦藤拄到風煙上，乞與游人眼界開。不知眼界闊多少，白鳥去盡青天回。」凡此之類，皆換骨法也……樂天詩曰：「臨風杪秋樹，對酒長年身。醉貌如霜葉，雖紅不是春。」東坡南中作詩云：「兒童誤喜朱顏在，一笑那知是酒紅。」凡此之類，皆奪胎法也。學者不可不知。[12]

此後，不少詩話當作經典語予以轉述：

詩詞高勝，要從學問中來。[13]

（黃庭堅）又云：「欲作楚辭，追配古人，直須熟讀《楚辭》，觀古人用意曲折處講學之，然後下筆。譬如巧女繡妙一世，若欲作錦，必得錦機乃能作錦。」[14]

對此，也有表示強烈不滿的，如王若虛《滹南詩話》：

魯直論詩，有「奪胎換骨」「點鐵成金」之喻，世以為名言。以予觀之，特剽竊之黠者耳。魯直好勝，而恥其出於前人，故為此強辭而私立名字。夫既已出於前人，縱復加工，要不足貴。雖然，物有同然之理，人有同然之見，語意

12　張伯偉：《稀見本宋人詩話四種》，江蘇古籍出版社，2002 年版，第17-18 頁。

13　胡仔纂集，廖德明校點：《苕溪漁隱叢話》（前集），第 320 頁。

14　陳善：《捫蝨新語》上集卷三，《叢書集成初編》本。

之間，豈容全不見犯哉？蓋昔之作者初不校此，同者不以為嫌，異者不以為誇，隨共所自得而盡其所當然而已。至於妙處，不專在於是也。故皆不害為名家，而各傳後世，何必如魯直之措意邪？[15]

其三，勇於創新，自成一家。黃庭堅強調學習前人，其著眼點卻在創新，即「以故為新」：

> 文章最忌隨人後。（《贈謝敞王博喻》）
> 隨人作計終後人，自成一家始逼真。（《以右軍書效種贈丘別十四》）
> 聽它下虎口著，我不為牛後人。（《贈高子勉四首》之三）

王若虛《滹南詩話》論道：

> 魯直欲為東坡之邁往而不能，於是高談句律，旁出樣度，務以自立而相抗，然不免居其下也。彼其勞亦甚哉！向使無坡壓之，其措意未必至是。[16]

15　王若虛：《滹南詩話》，《歷代詩話續編》本，第 523、524 頁。
16　王若虛：《滹南詩話》，《歷代詩話續編》本，第 518 頁。

黃庭堅強調創新的核心在於標舉「不俗」的詩歌審美境界：

　　叔夜此詩豪壯清麗，無一點塵俗氣。凡學作詩者，不可
不成誦在心，想見其人。雖沉於世故者暫，而攬其餘芳，便
可撲去面上三斗俗塵矣。[17]

　　余嘗為諸子弟言，士生於世可以百為，唯不可俗。俗便
不可醫也。[18]

　　寧律不諧，而不使句弱；寧用字不工，不使語俗。[19]

　　其四，提倡溫柔敦厚、「不怨之怨」的詩風。這和黃庭堅在
政治上比較超脫，思想上某種程度地受理學影響是分不開的。黃
庭堅認為：

　　詩者，人之情性也。非強諫爭於庭，怨憤訴於道，怒鄰
罵坐之為也。其人忠信篤敬，抱道而居，與世乖逢，遇物悲
喜，同床而不察，並世而不聞，情之所不能堪，因發於呻吟
調笑之聲，胸次釋然，而聞者亦有所勸勉。比律呂而可歌，
列干羽而可舞，是詩之美也。其發為訕謗侵陵，引頸以承
戈，披襟而受矢，以快一朝之忿者，人皆以為詩之禍，是失

17　黃庭堅：《書嵇叔夜詩與侄榎》，《山谷集》別集卷十。
18　黃庭堅：《書嵇叔夜詩與侄榎》，《山谷集》別集卷十。
19　黃庭堅：《題意可詩後》，《山谷集》卷二六。

詩之旨，非詩之過也。[20]

東坡文章妙天下，其短處在好罵，慎勿襲其軌也。[21]

謂其怨邪？則其言仁義之澤也；謂其不怨邪？則又傷己不見其人，然則不怨之怨也。[22]

但當以理為主，理得而詞順，文章自然出類拔萃。[23]

孝友忠信是此物之根本，極當加意，養以敦厚醇粹，使根深蒂固，然後枝葉茂耳。[24]

三、詩歌內涵上的特色

從黃庭堅詩歌的文本來看，其詩歌內容上以內斂的情感、新警的立意、陌生化的意象、不俗的詩歌境界等方面，給讀者以新穎的感受。

黃庭堅詩歌很少像唐詩那樣直抒胸臆，它更多地通過詠物、寫人甚至用典以抒發情感。它將作者的情感化作文本中的各種符碼，調動讀者發揮其能動性和創造性，各因其情而得其妙。

黃庭堅在詠物詩中將客觀的「物」化為象徵或比喻，把人的品格投射到物象上，藉此抒情述懷，表達自己對人生的參悟。他首先對「詠物」這一傳統主題進行了極大的拓展，把詠寫的對象

---

20 黃庭堅：《書王知載朐山雜詠後》，《山谷集》卷二六。
21 黃庭堅：《答洪駒父書》，《山谷集》卷一九。
22 黃庭堅：《胡宗元詩集序》，《山谷集》卷一六。
23 黃庭堅：《答王觀復書》，《山谷集》卷一九。
24 黃庭堅：《與洪駒父》，《山谷集》外集卷十。

擴展到日常生活中的各種瑣碎事物上。黃庭堅詠物詩中題詠最多的是茶和各種花卉，如梅花、牡丹、水仙、酴醾、菊花、梨花、海棠、杏花等；其次是筆、墨、紙、硯、酒、香、筍、扇等。這些日常瑣細之物原本沒有什麼深意，但它們在黃庭堅的筆下都化成了種種感情的符號。如《戲答陳季常寄黃州山中連理松枝二首》云：

> 故人折松寄千里，想聽萬壑風泉音。誰言五鬣蒼煙面，猶作人間兒女心。
>
> 老松連枝亦偶然，紅紫事退獨參天。金沙灘頭瑣子骨，不妨隨俗暫嬋娟。

松樹的意象在傳統文化的積澱中已成為人的道德情操的象徵，兩首詩作以第一首詩的首聯傳達出耿介莊嚴的氣節，接下來卻是表達詩人更深一層的聯想：剛正嚴毅的道德境界也包含了兒女情長的情感天地，人格的剛與情感的柔並不是互相排斥的。又《贛上食蓮有感》一詩，通篇運用比擬，由食蓮喻人生，首先興起親情，表現慈母的分甘之愛，兄弟的手足之情；接著又由蓮心之苦悟及人生哲理，說明貪圖安樂只會危及自身，自甘淡泊才能體認人生的苦樂；再由蓮的出污泥而不染聯想到污濁的塵世是歷練人生的極好場所；詩作的境界因此獲得層層提升。再如《次韻賞梅》中的「淡泊似能知我意，幽閒元不為人芳」詩句，表明詩人自甘淡泊；《次韻楊明叔見餞十首》中的「老松生澗壑，坐閱草木秋。金石在波中，仰看萬物流」，顯示他的不隨流俗等，均

可見出物象中所孕的道德人格的意蘊。可以說，黃庭堅的詠物詩大多是詩人「以我觀物」的產物，他以善悟瑣屑微塵之心面對自然客體，於體物中緣情寄意，將內情與外物、心聲與天籟加以融合。這些「物」不再是客觀物象的再現，而是受到詩人情感浸潤而孕育出的具體而完整的藝術形象，它不但給人以自然美的藝術享受，而且使人從中獲得深刻的認識和啟迪。

　　黃庭堅寫人物的詩也是如此，他的詩給我們展現了一個多彩的人物畫廊，這裡有醫生、卜者、隱士、貴冑、豪俠、官吏、詩人等。黃庭堅著筆較多的是一些下級官吏和貧賤不仕的文人，描寫他們雖身處貧賤卻仍然執著於自己的人生理想，突出人物坎坷困頓的境遇與卓犖不群的才具之間的強烈反差。如《陳留市隱》寫一位與女兒相依為命的刀鑷工（理髮師），他身處貧賤，卻自得其樂，他的理髮不僅是糊口的手段，而且是其養心治性、觀照人世的方式，因此他能心境超脫，優游於世。很顯然，這一人物形象實為詩人主觀意念的投影。其他如《贈趙言》中的趙言、《戲贈彥深》中的李彥深、《送張仲謀》中的張仲謀、《戲贈陳季張》中的陳季張等都有此特點，詩人通過對他們的形象、性格的傳神描繪表達出自己的理想人格。

　　典故運用也成為黃庭堅抒情達意的手段。在眾多的語典材料中，黃詩的用典以採自杜詩為最多，例如《秋思寄子由》中「老松閱世臥雲壑，挽著滄江無萬牛」，化用杜甫詩句「雲壑布衣鮐背死」「萬牛回首丘山重」，自比為高臥雲壑、絕不與時俗同流合污的老松；《次韻伯氏長蘆寺下》中「攜手霜木末」，從杜甫的《北征》「我行已水濱，我僕猶木末」句化來；《雲濤石》中

「諸山落木蕭蕭夜」，取自杜甫《登高》詩中的名句「無邊落木蕭蕭下」等。透過黃詩多用杜詩典故的表象，我們可以窺見黃庭堅對於杜甫道德人格的尊崇。黃庭堅從小深受儒家思想的熏陶，尤其心折於詩聖杜甫，並且倡導作詩應向杜甫學習。歷來論家都認為黃庭堅只是在詩歌格律技巧等形式方面學習杜甫，而於杜詩的思想內容無所承繼。其實，形式的因素從來就不是孤立的，對於某種技巧、風格的崇尚，必然包含著精神、情趣的相投。

黃庭堅特別重視作品的立意，強調在有了生活感受、詩美發現後，動筆創作之前要先立大意。其《答洪駒父書》云：

> 凡作一文皆須有宗有趣，始終關鍵有開有合，如四瀆雖納百川，或匯而為廣澤，汪洋千里，要自發源注海耳。[25]

這裡的「宗」「趣」就是作品之「意」。《王直方詩話》引黃庭堅論作詩文云：

> 不可鑿空強作，待境而生便自工耳。每作一篇先立大意，長篇須曲折三致意乃成章耳。[26]

黃庭堅汲取了禪學「心不孤起，托境方生」的觀念，演繹了

25　黃庭堅：《山谷集》卷一九。
26　郭紹虞：《宋詩話輯佚》，第4頁。

「意」由「境」觸發而生的思想。禪家認為佛性存在於一切「有情」與「無情」之物中，即所謂「青青翠竹，總是法身；郁郁黃花，無非般若」，而詩的立意同樣是外境觸動心靈的結果。在黃庭堅的詩作中，「境」不僅指自然景物，而且包括茶、酒、筆、硯、紙、墨等各種尋常瑣碎的事物。黃庭堅詩的立意每每有觸物感興、隨機生發的特點。如果說唐詩中由景感發者多為情，在黃庭堅詩中則多為理，是詩人對生活的參悟，因而其「意」富有思致機趣，耐人尋繹回味。黃庭堅悟得的「意」又往往如觸媒一般與他胸中的詩料發生某種化學變化，陳舊的故實通過這一變化便呈現出無比的新意。其《答洪駒父書》云：

　　自作語最難，老杜作詩，退之作文，無一字無來處，蓋後人讀書少，故謂韓杜自作此語耳。古之能為文章者，真能陶冶萬物，雖取古人之陳言入於翰墨，如靈丹一粒，點鐵成金也。[27]

　　這就是黃庭堅頗為後人所詬病的「點鐵成金」的詩法理論。其實從立意構思的角度來看，所謂「點鐵成金」並不單純是文字遊戲式的典故翻新，而是以新警的立意作為「靈丹」對典故成語的重新熔鑄，使陳言由腐朽化為神奇。如其《和師厚接花》詩：

27　黃庭堅：《山谷集》卷一九。

　　妙手從心得，接花如有神。根株穰下土，顏色洛陽春。雍也本犁子，仲由元鄙人。升堂與入室，只在一揮斤。

　　詩人由花的嫁接奇妙地聯想到人的培養，詩的前半寫嫁接，首聯用《莊子・天道》所載輪扁斫輪的典故，輪扁稱「不徐不疾，得之於手而應於心」；頷聯寫岳父用洛陽牡丹嫁接到了穰縣的花上；後半寫其奇妙的聯想：孔子的弟子冉雍出身低賤，仲由性格粗鄙，卻都能升堂入室，學有所成，其質變的關鍵就在於孔子的教誨，這就如嫁接時斧子的一揮之功。詩作以「一揮斤」關合人、花二事，以花擬人，以人喻花，人花不分；又由嫁接凡花變名葩，悟到人的素質之變全賴教育。其立意確實新穎，別具一格。其他如《睡鴨》《六月十七日晝寢》《題竹石牧牛》《和答錢穆父詠猩猩毛筆》《弈棋二首呈任公漸》等，都是在詠寫平常事物中熔鑄典故，翻出匪夷所思的新意，令人尋味不已。

　　在意象方面，黃庭堅在詩歌中追求意象的陌生化效果，徹底突破了文學期待中人們熟悉的視野，這是與黃庭堅詩歌創作中求奇的傾向緊密相聯的，同時也反映了當時一種普遍的期待視界。

　　首先是偏愛清淡枯瘦的意象。黃庭堅的詩歌摒棄那種富貴華豔的意象，而偏愛蒼老、古樸、清瘦，或具有硬度質感的事物或人物。我們可以羅列出眾多的這類意象，如：枯木、枯幾、枯松、枯楠藤、枯竹、枯萁、枯笛、枯荷、枯筆、枯桑、枯桐；古鑑、古寺、古流水、古木、古柏、古器、古弦、古冢、古屋廊、古鏡、古樹、古邗溝、古鼎、古丘、古琴；蒼石、蒼璧、蒼草、蒼煙、蒼竹、蒼狗、蒼龍骨、蒼崖顛、蒼玉束、蒼珪、蒼蘚、蒼

苔、蒼琅、蒼角鷹、蒼髯；寒梅、寒花、寒溪、寒沙、寒藤、寒江、寒山、寒泉、寒塘、寒蒲、寒曦、寒魚、寒爐；老木、老僧、老馬、老禪、老春薺、老鏡、老眼、老伏波、老禪將；還有瘦藤、瘦竹、雲壑、澗松、病維摩等，這些意象都給人以清癯瘦硬之感，它們與人們所熟悉的唐詩豐縟圓潤的意象明顯不同。

其次是取象避熟就生。黃庭堅多從古代典籍中取象，但他往往避熟取生。如《次韻德孺五丈惠貺秋字之句》中「顧我今成喪家狗，期君早作濟川舟」句，「喪家狗」出《史記‧孔子世家》「累累若喪家之狗」[28]；《次韻楊明叔見餞》中「何事與秋螢，爭光蒲葦叢」句，「爭光」出《史記‧屈原列傳》「雖與日月爭光可也」；[29]《欸乃歌二章戲王稚川》中「從師學道魚千里」句，《去賢齋》中「爭名朝市魚千里」句，出《關尹子》「以盆為沼，以石為島，魚環游之，不知其幾千萬里不窮乎」；《題王黃州墨跡》中「掘地與斷木，智不如機舂。聖人懷餘巧，故為萬物宗」中，「斷木」「機舂」出《周易‧繫辭》「斷木為杵，掘地為臼，臼杵之利，萬民以濟」；[30]等等，這類意象在前人詩作中難以見到，自是新奇陌生。這樣避熟取生的意象在黃詩中經常出現，形成黃詩的一大特徵。然而黃庭堅並非故作艱深而取僻典，他選取陌生的意象，但詩境渾成，即使不了解其事其典出於何處，詩意

28　黃庭堅著，黃寶華點校：《山谷詩集注》，上海古籍出版社，2003 年版，第 453 頁。

29　黃庭堅著，黃寶華點校：《山谷詩集注》，第 343 頁。

30　黃庭堅著，黃寶華點校：《山谷詩集注》，第 62 頁。

仍是不難體味的。

其三是取象化熟為生。詩歌創造無法逃避傳統詩歌語境的制約，詩人也不能不重複前人形成的語象系統。如果說避熟就生是從內容上的開拓，那麼運用傳統的詩歌語象，則要在話語方式上加以創造，從而達到化熟為生的「陌生化」目的。黃庭堅善於在取用傳統語象時，以其如椽之筆，化腐朽為神奇，變熟悉為陌生。如《寄黃幾復》詩：

> 我居北海君南海，寄雁傳書謝不能。桃李春風一杯酒，江湖夜雨十年燈。持家但有四立壁，治病不祈三折肱。想見讀書頭已白，隔岸猿哭瘴溪藤。

詩中「桃李春風一杯酒，江湖夜雨十年燈」一聯尤為後人所稱道，其中兩組八個意象都是習見之象，然而在組合上，上句中自然意象的「桃李」「春風」與人生意象的「酒」距離遙遠，並且所傳達的情感信息互相對立，「桃李」「春風」是得意之意象，而「酒」則是與憂愁相連之物，兩者強合於一處，打破了語言的組合習慣，卻更能顯出離情的深切，對離別的情狀作了生動的寫照；下句中的「江湖」「夜雨」為漂泊淒涼之象，而那一盞孤寂的「燈」似乎固定不變，然而也有淒涼之意味，其中蘊涵著對立因素，又以「十年」之「燈」強化了孤寂中對友情的堅守以及別後十年的思念。上下兩句的時空相對以及「一杯酒」與「十年燈」的強烈對比，意象的空間感與張力便大大地被強化了。這是使詩中的意象由熟悉化為新奇的很好的例子。

其四是意象的漂移。意象的漂移就是化解意象原有的含義，另生新義，如同解構主義之解構話語時，以錯讀為新解，由離合而創生。它利用語詞的多義性，使語象中幾個不同的意義互相聯繫、互相補充，或組合這幾種意義，使意象朦朧、語義漂移，產生「陌生化」的效果。如《秋思寄子由》中「黃落山川知晚秋，小蟲催女獻功裘。老松閱世臥雲壑，挽著滄江無萬牛」詩，前兩句寫秋天來臨，秋蟲催人趕制寒衣，後兩句中的「老松」「閱世」「挽」「滄江」的意象組合卻顯得突兀，「老松」被「閱世」這一人格意象來修飾，語義即向人漂移，變得亦松亦人，或人或己，並影響到「挽」「滄江」的意象催生出更豐厚的象徵意義。

其五是意象的翻案。意象翻案就是將用得爛熟的語象推倒，或透過一層，或反其意，創造出新意。這是黃庭堅在詩歌創作中對意象的別出心裁的創造性運用。如蘇軾的《泗州僧伽塔》詩云「耕田欲雨刈欲晴，去得順風來者怨」，抒發了世事不能兩全其美，人生難免其缺憾的感慨，而黃庭堅的《宮亭湖》一詩則反其意象之意，表示方圓均能兩全：「左手作圓右手方，世人機敏便可爾。一風分送南北舟，斟酌鬼神宜有此。」他將蘇軾的常規化意象，化作「左手作圓右手方」和「一風分送南北舟」，悖謬、反常的意象給人以新奇鮮明之感。再如他的《青奴》詩：「我無紅袖堪娛夜，政要青奴一味涼」，否定了中國士大夫階層所理想的「紅袖添香夜讀書」的情境，用「青奴」「一味涼」寫出其特立獨行的人格追求，意象極富張力。

黃庭堅是恪守儒家的正統文學觀並力圖提高詩歌的思想意義的。但他作品中表現的思想意義已與傳統疏離，儘管他也寫了一

些反映社會民生問題的詩作，但他的創作重心已轉向表現人格精神境界。因此他的詩學境界超越了一般政治實用的層面，而具有深沉的文化層面的意義。從他表現不俗的人生境界的詩學追求出發，他的詩作向表現人物的精神世界方面作了開掘，創造出了不俗的詩歌境界。

黃庭堅詩作大致有四個方面的創作主題。首先是抒寫個人情懷的抒情詩，這類作品不僅揭示出他與現實的深刻矛盾以及由此而產生的一系列內心的不平孤憤，還表現出了他企圖超越、消解矛盾的心理祈向。因此，他的抒情詩不是感情的無節制的宣洩，而是經過理性制約以後達到的超曠悟境。他的詩在抒發了種種抑鬱不平之後，往往歸結到對江湖山林的嚮往，祈求超脫煩惱的曠達。如《戲呈孔毅父》：

　　　管城子無食肉相，孔方兄有絕交書。文書功用不經世，何異絲窠綴露珠？校書著作頻詔除，猶能上車問何如。忽憶僧床同野飯，夢隨秋雁到東湖。

黃庭堅以奇譬妙喻感嘆以筆墨謀生既不能封侯，也不能發財；不僅不能致富貴，而且無益於經邦濟世，這就與綴有露珠的蜘蛛網無異。儘管如此，自己卻頻頻被委以這種蜘蛛網似的文學之任。詩作最後又以僧床野飯、秋雁東湖的超曠境界來破除世俗世界的煩惱。黃庭堅塑造人物形象的詩歌也是如此，他刻畫的人物常常是一些下級官吏和貧賤不仕的文人，他們雖身處貧賤卻仍然執著於自己的理想事業，折射出了詩人的人格理想。黃庭堅題

詠書法、音樂等藝事的詩，也多通過藝術意境的描繪，寄寓深遠的意義，寫出人物的精神與懷抱。如他曾為李公麟畫的馬作過多首詩，這些馬在其詩中都神清骨峻、昂藏不凡，其形象能激發起人們奮發有為、大展抱負的情志：「四蹄雷電去，一顧馬群空。誰能乘此物，超俗駕長風。」（《詠伯時畫太初所獲大宛虎脊天馬圖》）與這類藝術品評主題相類似的是詠物詩，黃庭堅詠物的主體不在體物，而是托物寓意。他通過引經據典，驅遣學問，發揮聯想，將普通尋常事物賦予妙理，藉此抒情述懷，表達自己對人生的參悟。如《和答錢穆父猩猩毛筆》一詩，表面上是寫猩猩及用其毛製成的筆，實質上是在寫一種人生境界：人生雖然短暫，但生命的價值不在一己的私利，而當立德立言，濟世澤民。由此看來，黃庭堅詩歌的不同主題的詩都歸結到了表現其人格精神境界這一總的主題上。這種精神境界從恪守道德倫理規範的立場出發，對現實的黑暗惡濁一面持深刻的批判態度，因而表現出憤世嫉俗的反流俗傾向；但另一方面又藉佛道的哲理來化解、超越與現實的矛盾衝突，故又歸結為消極退隱、全身自保的人生態度。因而黃庭堅的詩一方面具有批判現實的鋒芒，流露出憤懣不平之氣；另一方面又以理制情，用冷峻的目光透視人生，將激情化解為理性的思辯與參悟。這樣的詩反映出封建社會廣大中下層知識分子的精神面貌，自有其典型意義和認識價值。

　　黃庭堅從表現人格精神的詩歌創作追求出發，對詩歌技法作了多方面的探索與創新，黃庭堅注重在句中煉字，尤其在動詞的選用上追求新警。在句法上則打破傳統的節奏，以散文化的句式入詩，造成槎枒拗口的效果。在聲律上也變化出奇，用韻不拘一

格，有時以險韻顯示功力，在律詩中或運用不合平仄規範的拗句，或有意使對偶不切，產生奇崛頓挫之感。

對黃詩在藝術上的成就，前人有不少讚許：

豫章稍後出，會萃百家句律之長，究極歷代體制之變，搜獵奇書，穿穴異聞，作為古詩，自成一家；雖只言半字不輕出，遂為本朝詩家宗祖，在禪學中比得達摩，不易之論也。[31]

象山雲：「豫章之詩，包含欲無外，搜抉欲無秘，體制通今古，思致極幽眇，貫穿馳騁，工夫精到。雖未極古之源委，而其植立不凡，斯亦宇宙之奇詭也。開闢以來能自表見於世若此者，如優缽曇華，時一現耳。」[32]

余嘗謂宋人之詩，黃山谷為冠，其體制之變，天才筆力之奇，西江詩派世皆師承之。夫論詩至宋，政不必屑屑規摹唐人。當宋風氣初闢，都官、滄浪自成大雅，山谷出，耳目一新，摩壘堂堂，誰復與敵？雖其時居蘇門六君子之列，而長公虛懷推激，每謂效魯直體，猶退之之於孟郊、樊宗師焉，矧其它邪！匡廬彭蠡之勝，不乏詩才，前乎山谷者有臨川焉，有廬陵焉。山谷之詩力可以移王、歐之席，而其盤空

---

31 劉克莊：《後村集》卷二十四，文淵閣《四庫全書》本。
32 羅大經：《鶴林玉露》卷三，文淵閣《四庫全書》本。

硬語，更高踞於梅、蘇之上，所謂西江詩派也。[33]

黃庭堅在強調作品立意的同時，也十分重視作品的章法。范溫《潛溪詩眼》記曰：

　　　山谷言文章必謹布置；每見後學，多告以《原道》命意曲折。[34]

這種詩歌章法實際借鑑自古文的技法。黃庭堅的詩作無論長篇短章，往往有意突破唐詩定型化的結構模式，在起承轉合中頓挫跳蕩，正反順逆，極盡章法的曲折之妙。

這首先表現在黃詩不同凡響的發端上。黃庭堅詩歌多以議論、敘事開頭，有時突兀而起，劈空而來；有時以排奡的長句帶出感慨強烈的議論，對主題起到烘托映襯或對比映照的作用，於空際盤旋，然後切入正題。如《走答明略，適堯民來相約奉謁，故篇末及之》發端為：

　　　君不見、生不願為牛後，寧為雞口！吾聞向來得道人，終古不忒如維斗。希價咸陽諸少年，可推令往挽令還。俗學

33　田雯：《芝亭集序》，《古歡堂集》卷二十四，文淵閣《四庫全書》本。

34　郭紹虞：《宋詩話輯佚》，第 323 頁。

風波能自拔，我識廖侯眉宇間。

詩作以議論開頭，在強烈的人格對比中導出詩的主人公廖明略，一上來就映照出他獨立不倚、拔出流俗的人格境界，有先聲奪人之概。這種起句突兀的作品有《答龍門潘亭見寄》《元明題哥羅驛竹枝詞》《閏月訪同年李夷伯子真於河上》《過方城尋七叔祖舊題》等。

其次表現在詩作結構的曲折馳驟、跌宕跳躍，非尋常構思所能及。這種特色在其短篇的古詩或律詩中表現得尤為突出。一般說來，長篇之作多轉折變化，而黃庭堅卻能在短章中使詩意騰挪曲折，給人以跳蕩之感。如《送石長卿太學秋補》：

長卿家亦但四壁，文君窺之介如石。胸中已無少年事，骨氣乃有老松格。漢文新覽天下圖，詔山采玉淵獻珠。再三可陳《治安策》，第一莫上《登封書》。

首聯以石長卿的名「長卿」巧妙地關聯到司馬相如與卓文君（因為司馬相如字為「長卿」），寫他家徒四壁，但不墜其志。頷聯寫他老練成熟，如老松般有骨氣有氣格，意思緊承上聯，但敘述的角度已然巧妙地以「文君窺之」予以轉換。頸聯筆鋒一轉，寫徽宗剛即位，下詔廣羅人材，以刷新當前政局。石長卿就是遇上這樣的時機而被貢舉入太學的。然後略去其上京等過程，直接轉為對石長卿的叮嚀，希望他像賈誼上《治安策》那樣直言極諫，為國獻計獻策，不要像司馬相如那樣只知道迎合皇帝，死後

還要上《登封書》談封禪事。詩作結尾用司馬相如事，與開頭的用事相呼應，而前面對他的品格的推許也為最後的期望作了鋪墊。統觀全詩可以看到，詩意跳躍曲折，變化多端，語言上似斷而意脈實連，上下呼應，潛在貫通，其語言敘述的空缺處正可激發讀者的想像與補充。這種在中間層次上作較大轉折的結構，較之在結尾處留給讀者想像的方式更耐人咀嚼。

　　黃詩曲折的章法還表現在其結尾的旁入他意上。結尾的旁入他意也就是詩作的結尾有時會離開詩意的主脈而開出一個新的境界，與詩的主體部分發生某種程度的斷裂。宋代陳長方的《步里客談》首先揭出這一點：

　　　　古人作詩斷句，輒旁入他意，最為警策。如老杜云「雞蟲得失無了時，注目寒江倚山閣」是也。黃魯直作《水仙花》詩，亦用此體，云「坐對真成被花惱，出門一笑大江橫」[35]。

　　陳長方所引的黃庭堅詩句出於《王充道送水仙花五十枝，欣然會心，為之作詠》一詩：

　　　　凌波仙子生塵襪，水上輕盈步微月。是誰招此斷腸魂，種作寒花寄愁絕？含香體素欲傾城，山礬是弟梅是兄。坐對

35　傅璇琮：《古典文學研究資料·黃庭堅和江西詩派卷》，第 48 頁。

真成被花惱，出門一笑大江橫。

詩的前五句為水仙花傳神寫照，擬之為凌波微步的洛水女神，水仙就是她哀怨的靈魂所幻化，它那幽獨素雅的風神使人無不為之傾倒。「山礬」一句風格陡變，由婉約變為粗獷，過渡到最後那豪壯的境界。從表面上看作者是為了擺脫賞花所引發的煩惱，但從人花不分的意境看，也許別有寄托。黃庭堅詩的這種結尾在不同的詩篇中固然有各自獨特的寓意，但它們都造成了拗折奇峭、思致深遠的藝術效果。

從廣義上說，詩歌中語言的風格、結構、格律等問題都可納入句法的範疇，句法也就成了語言技法的代稱。句法是黃庭堅示予江西詩派同仁及後學的主要的作詩法門之一，在他的詩文中有很多關於句法的論說，如：

一洗萬古凡馬空，句法如此今誰工。（《題韋偃馬》）
寄我五字詩，句法窺鮑謝。（《寄陳適用》）
句法提一律，堅城受我降。（《子瞻詩句妙一世，乃云效庭堅體……》）
詩來清吹拂衣巾，句法詞鋒覺有神。（《次韻奉答文少激推官紀贈二首》）

黃庭堅獨特的句法首先表現在對偶不切上。律詩對偶過於工巧往往導致流利圓美，缺乏氣骨與力度。晚唐詩體對偶太切，就為江西詩派所詬病。方回論許渾詩即批評此點，其《瀛奎律髓》

評韓致堯的《長洲懷古》時論到許渾云：「渾太工而貪對偶。」評許渾的《曉發鄞江北渡寄崔韓二先輩》詩云：「其詩出於元、白之後，體格太卑，對偶太切。」[36]針對此點，江西詩家總結出有意使律詩對偶不切的技法，造成錯落高下或散句單行的氣勢，增加其峭拔的力度。實際上，律詩的對偶不切早已有之，如杜甫的《早起》《和裴迪發蜀州東亭送客逢早梅相憶見寄》諸詩，但是作為一種藝術手段被有意識地運用，還是始於黃庭堅。在黃庭堅詩中，對偶不切也有程度的不同，有的只是個別詞不對，屬於寬對性質；有的則全句不對，純屬散行。如在寬對中，黃庭堅常用形式上相對而其實詞性不同的詞構成對偶，如動詞與名詞或與形容詞相對。如：《二月丁卯喜雨……》中「微風不動天如醉，潤物無聲春有功」一聯，「微」與「潤」「動」與「聲」「醉」與「功」詞性皆不同；《題槐安閣》中「白蟻戰酣千里血，黃粱炊熟百年休」一聯，「白蟻」與「黃粱」「戰酣」與「炊熟」「千里血」與「百年休」類別也不一樣。

　　黃庭堅獨特的句法其次還表現在句式的散文化上。黃庭堅句法的散文化最重要的方式是大量運用虛詞，特別是在句中多用語助詞，使詩歌產生一種渾灝古樸的文章氣勢。其中用「之」字最多，對電子版的《黃庭堅詩全集》進行檢索，發現其用「之」字者多達二三六次，如：

36　方回選評，李慶甲集評校點：《瀛奎律髓》，第 115、509 頁。

要我雕琢之（《定交詩效鮑明遠體呈晁無咎》）

眾人初易之（《過致政屯田劉公隱廬》）

仿佛雅頌之遺風（《聽崇德君鼓琴》）

物誠有之士則然（《再次韻呈廖明略》）

時宰欲殺之（《跋子瞻和陶詩》）

吾觀其役物之智（《寶梵大師真贊》）

傷天形之缺然兮（《悲秋》）

與民歌之（《曹侯善政頌》）

以平等印封之（《大溈喆禪師真贊》）

其他用「者」「矣」「哉」「也」「耶」「所」「爾」「如（奈）⋯⋯何」「何⋯⋯為」等的例子也有不少。如用「者」字：

知音者誰子（《送伯氏入都》）

如用「矣」字：

此事今已矣（《次韻師厚五月十六日視田》）

念汝齒壯矣（《代書》）

古人已矣古樂在（《聽崇德君鼓琴》）

小夫閱人蓋多矣（《別蔣穎叔》）

久矣結舌瘖（《次韻答常甫世弼二君不利秋官郁郁初不平故予詩多及君子處得失事》）

信矣強有力（《次韻答薛樂道》）

老矣忍與時人爭（《次韻答楊子聞見贈》）

鄙人相士蓋多矣（《次韻答張沙河》）

往往見謂知津矣（《次韻七兄青陽驛西阻水見寄》）

用「哉」字：

此豈小事哉（《次韻子瞻送顧子敦河北都運》）

就陰息跡信明哉（《喜太守畢朝散致政》）

　　本來典重整齊的詩句，經過虛詞的斡旋就變得曲折回環，宛
轉深幽，而避免了平直板滯。

　　黃庭堅獨特的句法還表現在破棄聲律上。所謂「破棄聲
律」，就是指拗體律詩，即打破律詩固有的聲調格律，造成平仄
不協，以求奇拗不平。拗律又往往被等同為「吳體」，黃庭堅所
作七言律詩拗體，他自己並沒有明確稱這些拗體為「吳體」，方
回在他的《瀛奎律髓》中稱：

　　拗字詩在老杜集七言律詩中謂之「吳體」……不止句中
拗一字，往往神出鬼沒。雖拗字甚多，而骨骼愈峻峭。[37]

　　高揚「吳體」大旗，將江西詩派的拗體與杜甫「吳體」聯繫

37　方回選評，李慶甲集評校點：《瀛奎律髓》，第1107頁。

在一起，上升成一種詩歌形式的典範、江西詩派的顯著招牌，「吳體」從此被誤讀為拗體。從「吳體」的聲調來看，它與拗體的共同點在於以平仄不協為特徵，黃庭堅大量創作這種平仄不協的拗體律詩，確實繼承了杜甫所開創的拗調，極大地凸顯了其奇崛的詩風。《王直方詩話》引張耒之言曰：

> 以聲律作詩，其末流也，而唐至今詩人謹守之。獨魯直一掃古今，出胸臆，破棄聲律，作五七言，如金石未作，鐘磬聲和，渾然天有律呂外意。近來作詩者頗有此體，然自吾魯直始也。[38]

也就是說杜甫首先進行這樣的嘗試，黃庭堅接踵而上而大張其旗鼓。方回的《瀛奎律髓》統計出杜詩七律一五九首，拗體占十九首。黃庭堅詩作中拗體更多，其七律三一一首，拗體就有一五三首[39]，幾乎過半。典型的如《題落星寺四首》之一：

> 星宮游空何時落，著地亦化為寶坊。
> 詩人晝吟山入座，醉客夜愕江撼床。
> 蜜房各自開戶牖，蟻穴或夢封侯王。

---

38 郭紹虞：《宋詩話輯佚》，第 101 頁。
39 莫礪鋒也有該數字統計，見《江西詩派研究》，齊魯書社，1986 年版，第 37 頁。

不知青雲梯幾級，更借瘦藤尋上方。

其平仄為：

平平平平平平仄，仄仄仄仄平仄平。
平平仄平平仄仄，仄仄仄仄平仄平。
仄平仄仄平仄仄，仄仄仄仄平平平。
仄平平平平仄仄，仄仄仄平平仄平。

詩作首聯就非常奇特，第一句連用六個平聲，第二句連用四個仄聲，兩句中三、四兩字都與規範的平仄相反，第二句除韻腳外僅有一平聲，犯孤平，頷聯出句第二字應仄而平，與上句失粘；對句第二字應平而仄，五、六字平仄倒置，全句同樣犯孤平。頸聯出句第六字應平而仄，對句尾三字用三個平聲，成為古風三平調的格式，三、四字應平而仄，與出句失對。尾聯出句第二字應仄而平，對句第二字應平而仄，第四字應仄而平，五、六字平仄倒置。方回稱：「此學老杜所謂拗字吳體格。」再如《汴岸置酒贈黃十七》：

吾宗端居叢百憂，長歌勸之肯出游？
黃流不解浣明月，碧樹為我生涼秋。
初平群羊置莫問，叔度千頃醉即休。
誰倚柁樓吹玉笛？斗杓寒掛屋山頭。

其平仄為：

　　仄平平平平仄平，平平仄平仄仄平。
　　平平仄仄仄平仄，仄仄仄仄平平平。
　　平平平平仄仄仄，仄仄平平仄仄平。
　　平仄仄平平仄仄，仄仄平仄仄平平。

　　詩作聲調也很奇特，平仄不依正格。首句、第五句連用四個平聲；而第四句開頭則用四個仄聲，跟著又用三個平聲；第五句後面則用三個仄聲。完全沒有按律詩固有的音律。這樣的拗律詩，讀者反覆吟誦，卻會覺得它有一種特殊的音樂美感，這正體現了黃庭堅句法的功力，它通過音節、語調奇妙的配合，恰到好處地表現了詩人主觀世界的傲岸奇崛。其他如《題落星寺嵐漪軒》《登快閣》《和仲謀夜中有感》《和游景叔月報三捷》《胡逸老致虛庵》等，都是拗體名篇。這些詩作都大量採用拗體與拗句，並且往往拗而不救，節奏上有意打破五、七言詩的「二二一」或「二二二一」的結構，變成「二一二」或是「三一三」式的結構。這些韻律方面的結構特徵使黃庭堅詩歌明顯區別於前代格律自由的古詩和講究音律、氣象的唐詩，而使黃庭堅詩歌文本的拗折奇峭氣象得到更充分的展現。這樣，讀者的注意力被均衡分布在文本所呈示的「外結構」和「內結構」兩方面，從整體感受到其文本中所蘊涵的作者的思想情感。

　　黃庭堅不僅是詩法句法的大力倡導者，而且是錘字煉句的身體力行者。中國的古典詩歌，尤其是律詩，其所特有的凝練整齊

的特徵，決定了對遣詞造句的嚴格要求。但在字句上傾注平生心血，造句著詞力戒熟、弱、俗，力求生、新、硬的，黃庭堅在文學史上堪稱第一人。方東樹說：「以事實典重飾其用意，加以造創奇警，語不驚人死不休，此山谷獨有。」[40]甚得黃詩三昧。黃庭堅精於煉字，每每強調詩眼：「拾遺句中有眼」（《贈高子勉四首》），他的詩中常有這種「置一字如關門之鍵」（《跋高子勉詩》）的詩眼所在，所以陳師道說他是「句中有眼黃別駕」。黃詩中精彩的句眼如：

> 前日幽人佐吏曹，我行堤草認青袍。（《過平輿懷李子先時在並州》）
> 西風挽不來，殘暑推不去。（《和答外舅孫莘老》）
> 姮娥攜青女，一笑粲萬瓦。（《秘書省冬夜宿直寄懷李德素》）
> 西風鏖殘暑，如用霍去病。（《又和二首（答斌老）》）
> 寒爐餘幾火，灰裡撥陰何。（《次韻答高子勉十首》之四）
> 黃流不解涴明月，碧樹為我生涼秋。（《汴岸置酒贈黃十七》）
> 心猶未死杯中物，春不能朱鏡裡顏。（《次韻柳通叟寄王文通》）

---

40 方東樹著，汪紹楹校點：《昭昧詹言》，第 236 頁。

曲幾團蒲聽煮湯，煎成車聲繞羊腸。（《以小團龍及半挺贈無咎並詩用前韻為戲》）

唯恐出己上，殺之如弈棋。（《次韻奉送公定》）

這些例子中的「認」「挽」「推」「攜」「粲」「鏖」「撥」「浣」「朱」「煎」「殺」都是黃庭堅精心錘煉之詞。黃庭堅煉字主要著力於句中的動詞，或選用新鮮的詞，或改變詞性及用法，組成迥異於常規的動賓搭配，給人耳目一新之感。上引「認」「挽」「推」「鏖」四個動詞，將自然現象擬人化；又「粲」字，由形容詞轉化為動詞的使動用法，將月和霜比擬為女子，寫她們粲然的一笑使千家萬戶的屋上成為潔白一片的景象；《次韻答高子勉》寫圍爐夜吟而悟作詩之道，用一「撥」字將兩位詩人擬物化，說明作詩需要努力探索，深思苦求，在學古中實現創新，就好像從爐灰中撥出好詩來；《次韻柳通叟寄王文通》中「朱」字，形容詞用作動詞，又將「朱顏」拆開來用。再如《次韻奉送公定》中的「殺」字，本為弈棋的術語，用在弈棋上，僅為一般之語，但詩中利用語境的轉換，用「殺」字表現嫉賢妒能者毫無顧忌地排擠賢良，使這一常語頓現新奇的色彩，成為句中詩眼。尤其可貴的是，經過苦心錘煉，黃庭堅絕大部分詩作都能做到去除陳言，硬語盤空、瘦硬高古。

運用典故是黃庭堅詩的又一大特色。他的用事特徵是富贍奧博、翻新出奇。王若虛的《滹南詩話》謂其詩「鋪張學問以為富，點化陳腐以為新」，雖是貶語，客觀上卻道出了黃庭堅詩歌的這種用事特徵。

黃庭堅用事的範圍極廣，他從各類書籍中爬羅剔抉，經、史、子、集、道釋典籍、稗官小說等，都曾為他所用，僅是任淵《內集》注中所指出的就有四百餘種。任淵的《黃陳詩集注序》云：

　　　　二家之詩，一句一事有歷古人六七作者，蓋其學該通乎儒釋老莊之奧，下至於醫卜百家之說，莫不盡摘其英華，以發之於詩。[41]

許尹為同書所作的序也云：

　　　　其用事深密，雜以儒、佛、虞初、稗官之說，《隽永》《鴻寶》之書，牢籠漁獵，取諸左右。[42]

　　都是對其用典富博的說明。為了表現奇崛放曠的精神風貌，他尤其喜用《莊子》及《世說新語》等書記載的魏晉以來文人的雅言逸事。魏泰的《臨漢隱居詩話》中認為黃庭堅作詩「好用南朝人語，專求古人未使之事，又一二奇字，綴葺而成詩」，沈作喆的《寓簡》卷八稱「黃魯直離《莊子》《世說》一步不得」，亦即此意。如《和答錢穆父詠猩猩毛筆》：

41　黃庭堅著，黃寶華點校：《山谷詩集注》，第 3 頁。
42　黃庭堅著，黃寶華點校：《山谷詩集注》，第 4-5 頁。

　　愛酒醉魂在，能言機事疏。平生幾兩屐，身後五車書。
物色看王會，勳勞在石渠。拔毛能濟世，端為謝楊朱。

　　詩中典故廣涉《華陽國志》《通典》《禮記》《晉書》《易經》
《孟子》等書。

　　當然，如果僅有用事之博，充其量也只是堆垛故實，或如前
人所形容的「點鬼簿」。黃庭堅用事的特色在於不為事所囿，常
常翻新出奇，不遵循尋常的思維定式，在典故的選擇上別出心
裁，或用僻典，或以熟典表達新意，收到出人意想的效果。如
《觀王主簿家酴醿》詩：「露濕何郎試湯餅，日烘荀令炷爐香。」
上句用三國魏時何晏之事，據說何晏面色白淨，魏明帝懷疑他是
敷粉裝飾而成，於是以熱湯餅試探他，何晏吃湯餅後大汗淋漓，
「以朱衣自拭，色轉皎然」（《世說新語·容止》），詩句以何晏
汗出之狀摹寫花被露水沾濕的樣態。下句用東漢荀彧之事，荀彧
官職為尚書令，他的衣帶常有香氣，人稱「令君香」，這裡用它
來形容花香飄逸。兩詩句破除以美女擬花的常格，以美男子比
花，確實新穎奇特。又《寄題榮州祖元大師此君軒》寫竹：「程
嬰杵臼立孤難，伯夷叔齊采薇瘦」，以歷史人物比喻竹之勁節，
翻新出奇地以人喻竹，起到了新警奇特的修辭效果。

　　將不同的典故進行巧妙的熔鑄是黃庭堅詩用典奇博的又一種
形式。如《次韻劉景文登鄴王台見思五首》之五：

　　公詩如美色，未嫁已傾城。嫁作蕩子婦，寒機泣到明。
綠琴蛛網遍，弦絕不成聲。想見鴟夷子，江湖萬里情。

由劉景文詩作之美聯想到美女的姿色，然後把若干本不相干的典故熔鑄組合到「美女」一身。其中有《詩經‧瞻卬》之「哲夫成城，哲婦傾城」；李延年歌之「北方有佳人，絕世而獨立。一顧傾人城，再顧傾人國」；《古詩十九首》之「昔為倡家女，今為蕩子婦」。又《北夢瑣言》中引徐月英《送人》詩「枕前淚與階前雨，隔個閒窗滴到明」等等。這些典故經過黃詩的整合，又產生出新意：首聯說劉景文年輕時的詩美麗動人，頷聯說劉景文中年之詩情調憂傷，頸聯說劉景文詩寂寞無知音，尾聯說劉景文希望幸逢知音。又如《送徐隱父宰餘干二首》第二首的後半云：

　　　　半世功名初墨綬，同兄文字敵青錢。割雞不合庖丁手，家傳風流更著鞭。

　　「青錢」原指唐代張鷟，他富有文才，故人稱「鷟文辭猶青銅錢，萬選萬中」，因號「青錢學士」（《新唐書‧張薦傳》）；而「同兄」又用晉朝魯褒《錢神論》中「親之如兄，字曰孔方」語意；「割雞」句則讚揚徐隱父的治才，先用《論語‧陽貨》中孔子對子游的評語「割雞焉用牛刀」，再兼用《莊子‧養生主》中「庖丁解牛」事，表示徐隱父治縣乃大材小用。
　　黃庭堅的詩歌長於用典，即在於調動讀者參與作者的創造，獲取這種種破譯謎底或密碼的快感，而這種共同參與，則形成了宋詩作為學者之詩的一個重要特徵，也獲取了後世學者詩人的廣泛認同。

對於黃庭堅詩的個性和特色，前人亦有諸多評述：

讀魯直詩，如見魯仲連、李太白，不敢復論鄙事，雖若不入用，不無補於世也。[43]

魯直詩文如蝤蛑江瑤柱，格韻高絕，盤餐盡廢；然不可多食，多食則發風動氣。[44]

不踐前人舊行跡，獨驚斯世擅風流。[45]

古來語文章之妙，廣備眾體，出奇無窮者，唯東坡一人；極風雅之變，盡比興之體，包括眾作，本以新意者，唯豫章一人。此二人當永以為法。[46]

涪翁以驚創為奇，其神兀傲，其氣崛奇，玄思瑰句，排斥冥筌，自得意表。玩誦之久，有一切廚饌腥螻而不可食之意。[47]

黃魯直一向求巧，反累正氣。[48]

詩格變自蘇黃，固也。黃意不滿蘇，直欲凌其上，然故不如蘇也。何者？愈巧愈拙，愈新愈陳，愈近愈遠。[49]

43　蘇軾：《仇池筆記》卷下，文淵閣《四庫全書》本。

44　蘇軾：《仇池筆記》卷上。

45　張耒：《讀黃魯直書》，《柯山集》卷一八，文淵閣《四庫全書》本。

46　陳鵠：《耆舊續聞》卷二，文淵閣《四庫全書》本

47　姚范：《援鶉堂筆記》卷一四，道光十五年刊本。

48　朱熹著，黎靖德編：《朱子語類》，中華書局，1986 年版，第 3315 頁。

49　王世貞：《藝苑卮言》，《歷代詩話續編》本，第 1018 頁。

魯直之學杜也，不知杜之真脈絡，所謂前輩飛騰余波綺麗者；而擬議其橫空排奡，奇句硬語，以為得杜衣缽，此所謂旁門小徑也。[50]

山谷所得於杜，專取其苦澀慘淡，律脈嚴峭一種，以易夫向來一切意浮功淺、皮傅無真意者；其於巨刃摩天，乾坤擺蕩者，實未能也。[51]

四、詞的創作

黃庭堅以詩揚名於後世，其實他詞的創作也很豐盛，現仍存有一百八十餘首，並有相當成就，在北宋後期詞壇具有相當地位，所以陳師道《後山詩話》說：「今代詞手，惟秦七、黃九爾，唐諸人不逮也。」[52]雖然人們常以「秦七黃九」並稱，其實二人詞風很不相同：

詞家每以秦七、黃九並稱，其實黃不及秦甚遠。[53]

後山以秦七、黃九並稱，其實黃非秦匹也。若以比柳，差為得之。蓋其得也，則柳詞明媚，黃詞疏宕，而褻諢之作，所失亦均。[54]

50 周亮工：《書影》，上海古籍出版社，1981年版，第46頁。
51 方東樹著，汪紹楹校點：《昭昧詹言》，第210、211頁。
52 陳師道：《後山詩話》，《歷代詩話》本，第309頁。
53 彭孫遹：《金粟詞話》，《詞話叢編》本，第722頁。
54 馮煦：《蒿庵論詞》，《詞話叢編》本，第3586頁。

　　秦七、黃九並重當時，然黃之視秦，奚啻碔砆之與美玉。**55**

　　黃九於詞，直是門外漢，匪獨不及秦、蘇，亦去耆卿遠甚。**56**

　　上述對黃庭堅詞作評價甚低，這主要是針對其早期詞作而言。黃庭堅早期詞多寫男女戀情，甚至有一些庸俗猥褻之作，內容上較為狹窄，詞風香豔柔美。其後期則多寫其作為文人士大夫的生活與感悟，表現自我胸懷，還有一些歌詠自然風光的，詞風一如其詩，瘦硬、曠放、奇橫、清逸、婉麗，較為豐富多樣，這是他詞作中較有價值的部分。

　　黃庭堅瘦硬、曠放的詞如《念奴嬌》，他曾自得地稱其「可繼東坡赤壁之歌」，詞云：

　　斷虹霽雨，淨秋空，山染修眉新綠。桂影扶疏，誰便道，今夕清輝不足？萬里青天，姮娥何處，駕此一輪玉。寒光零亂，為誰偏照醽醁？年少從我追游，晚涼幽徑，繞張園森木。共倒金荷，家萬里，難得尊前相屬。老子平生，江南江北，最愛臨風曲。孫郎微笑，坐來聲噴霜竹。

55　陳廷焯：《白雨齋詞話》，《詞話叢編》本，第 3784 頁。
56　陳廷焯：《白雨齋詞話》，《詞話叢編》本，第 3784 頁。

「老子平生，江南江北，最愛臨風曲」成為他老而傲岸的形象寫照，語詞間，頗見其詩生新瘦硬的神韻，而其中的曠逸之氣，亦近蘇軾詞風。

奇橫的如《望江東》：

> 江水西頭隔煙樹，望不見，江東路。思量只有夢來去。更不怕，江闌住。燈前寫了書無數，算沒個，人傳與。直饒尋來雁分付。又還是，秋將暮。

陳廷焯《白雨齋詞話》評曰：

> 筆力奇橫無匹，中有一片深情。往復不置，故佳。[57]

清逸的如《鷓鴣天》：

> 黃菊枝頭生曉寒，人生莫放酒杯乾。風前橫笛斜吹雨，醉裡簪花倒著冠。身健在，且加餐，舞裙歌板盡清歡。黃花白髮相牽挽，付與時人冷眼看。

婉麗的如《清平樂》：

---

57 陳廷焯：《白雨齋詞話》，《詞話叢編》本，第 3921 頁。

　　春歸何處？寂寞無行路。若有人知春去處，喚取歸來同住。春無蹤跡誰知？除非問取黃鸝。百囀無人能解，因風飛過薔薇。

　　黃庭堅詞亦有詩的「以俗為雅」的特點，時常使用俚語，風格頗似後世之曲。李調元《雨村詞話》評曰：

　　山谷詞酷似曲，如《歸田樂》（按：實為《歸田樂引》）云：「對景還消受。被個人把人調戲，我也心兒有。憶我又喚我、見我、嗔我，天甚教人怎生受。看承幸廝勾，又是尊前眉峰皺。是人驚怪，冤我忒撋就。拼了又捨了，一定是這回休了，及至相逢又依舊。」撋，如專切，挼也。[58]

　　劉熙載《藝概·詞概》亦云：

　　黃山谷詞，用意深至，自非小才所能辦，惟故以生字、俚語侮弄世俗，若為金、元曲家濫觴。[59]

第二節 ▶ 黃庶父子

58　《詞話叢編》，第 1400 頁。
59　劉熙載：《藝概》，第 108 頁。

黃庭堅論詩非常講求家學淵源，為人又極重孝悌忠信，他輝煌的詩歌藝術成就中，就氳氤著黃氏深厚的家學淵源，特別是其父親黃庶的詩風。而黃庭堅的成就，又激勵著家族中的同時及後人不斷承傳、創新，他的兄弟如黃大臨、黃叔達就受其影響，都能詩擅詞。

一、黃庶

黃庶（1019-1058），字亞夫（或作亞父），晚號青社。洪州分寧（今江西修水）人，黃庭堅父。仁宗慶曆二年（1042）進士。其後歷一府三州，皆為從事。以其詩文及交游事蹟考之，初幕長安，慶曆末徙鳳翔，旋隨宋祁幕許州。後隨晏殊重幕長安。皇祐三年（1051），又改幕許州，受知於文彥博。五年，文彥博徙知青州，辟庶為通判。至和中，攝知康州。嘉祐三年，卒於任所，年四十。曾自編《伐檀集》，《宋史·藝文志》著錄《黃庶集》六卷，已佚。今僅存《伐檀集》二卷，卷上為詩。

關於黃庶詩作，陳師道《後山詩話》云：

> 唐人不學杜詩，唯唐彥謙與今黃亞夫庶、謝師厚景初學之。魯直，黃之子，謝之婿也。其於二父，猶子美之於審言也。[60]

黃庭堅的外甥洪芻《洪駒父詩話》云：

> 山谷父亞父詩自有句法。山谷書其《大孤山》《宿趙屯》兩詩，刻石於落星寺。兩詩警拔，世多見之矣。[61]

《四庫全書總目提要》說《伐檀集》：

> 集中古體諸詩，並戛戛自造，不蹈陳因。雖魄力不及庭堅之雄闊；運用古事，鎔鑄翦裁，亦不及庭堅之工巧；而生新矯拔，則取徑略同。先河後海，其淵源要有自也。惟開卷近體諸詩，乃多不工。[62]

黃庶詩有不少作品表現了對人民疾苦和國家安危的關心，充滿儒家仁政思想。如《汴河》：

> 汴都峨峨在平地，宋恃其德為金湯。先帝始初有深意，不使子孫生怠荒。萬艘北來食京師，汴水遂作東南吭。甲兵百萬以為命，千里天下之腑腸。人心愛惜此流水，不啻布帛與稻粱。漢唐關中數百年，木牛可以腐太倉。舟楫利今百於古，奈何益見府庫瘡。天心正欲醫造化，人間豈無針石良。

61　郭紹虞：《宋詩話輯佚》，第428頁。
62　永瑢等：《四庫全書總目》卷一五二。

窟穴但去錢谷蠹，此水何必求桑羊。

詩中充滿對百姓生活的關注與同情，並寓意主張整頓吏治，反對法治的見解。又如《皇祐五年三月乙巳齊大風海水暴上壽光千乘兩縣民數百家被其災而死者幾半丞相平陽公以同年李君子儀往賑之以詩見寄因而和酬》：

　　鹽民沒利家海隅，奔走末業田園蕪。天意似遣陽侯驅，卷水沃殺煎海爐。怒濤百尺不及逋，老幼十五其為魚。耕夫蠶婦來躊躇，百金不易箔與鋤。我公偃息哀其愚，埋掩屍骼賙惸孤。吾黨子儀馳赤駒，口齎公惠人人嘘。日走百里嫌晙晡，不飲不食顏色癯。去時萬樹如束枯，回首綠暗紅紫疏。寄詩百言舉其粗，我愧安飽心如苴。

黃庶亦有不少贈答詩，寫來情深意長，仔細叮嚀，充滿仁厚之心。如《送李室長慶州寧覲》：

　　我愛孟堅文學飽，持筆去作將軍客。鋪張大漢征北功，手攜直上燕然刻。千載事掛單於眼，至今猶若擒白黑。幾年羌夷瘡一方，窟穴未掃壯士瘠。我生南方長詩書，愛國區區肺如炙。欲於塞外勒姓名，往往夜夢賀蘭石。一來長安事刀筆，駑駘不展芻粟力。峨峨李公邦之梓，聲載百郡理霹靂。今年權佩慶州印，上馬威至吞秋色。羌夷奔走若奴婢，劓面童子嗔可摭。白頭慶民能記數，前時太守有陰德。試求園中

手栽樹，邊人應作甘棠惜。老幼事公如父兄，妥貼不敢相干
極。子來別我省塞上，霜風漸著邊樹赤。塵埃恨絆不得往，
安得鑽肩生羽翼。子今才華筆端富，山川去入風雅國。黃云
白草牛羊肥，區落雞犬晴歷歷。將詩寫作聚米圖，歸來為我
一指畫。

黃庭詩中最為人稱道的是一些寫景詩，其風格亦豐富多樣，
有的清新閒雅，有的奇峭生新。如：

　　小園豈是春來晚，四月花飛入酒杯。都為主人尤好事，
風光留住不教回。（《飲張承制園亭》）
　　雪裡猶能醉落梅，好營杯具待春來。東風便試新刀尺，
萬葉千花一手裁。（《探春》）

兩首均為即興寫景小詩，清新秀麗，表達了詩人的一種閒情
逸致。又：

　　彭蠡百里南國襟，萬頃蒼煙插孤岑。不知天星何時落，
春秋不書不可尋。石怪木老鬼所附，茲乃與水同浮沉。鳴鷗
大藤樹下廟，祭血不干年世深。軸艫千里不敢越，割牲醮酒
來獻斟。我行不忍隨人後，許國肝膽神所歆。落帆夜宿白鳥
岸，睥睨百繞寒藤陰。銀山大浪獨夫險，比干一片崔嵬心。
宦游遠去父母國，心病若有山水淫。江南畫工今誰在，拂拭
東絹傾千金。（《大孤山》）

山阿有人著薜荔，廷下縛虎眠莓苔。手摩心語知許事，
曾見漢唐池館來。(《怪石》)

詩作遣詞造句避熟避俗，力求生新，勁健奇峭，有韓愈之
風。陳衍《宋詩精華錄》評《怪石》云：「落想不凡，突過盧仝、
李賀。亞父，山谷父，家學可見一斑。」[63]

二、黃大臨、黃叔達

黃大臨，字符明，號寅庵，洪州分寧（今江西修水）人，黃
庭堅胞兄，紹聖時為萍鄉令。有詩詞作品傳世，《全宋詞》輯存
其詞三首，《全宋詩》錄其詩八首。

黃大臨工於詩，較為人稱道的有《寅庵喜成四詩遠寄魯
直》，其三云：

手把齊民種蒔書，莎衫台笠事耘鋤。夏栽翠竹餘千個，
春糞辰瓜滿百區。早秫旋春嘗曲蘖，新粱炊熟自樵蘇。日西
杖履行山口，招得鄰丁作飲徒。

詩中充滿對農事生活的喜愛。黃大臨有幾首贈詩，寫來情意
深長，真切感人。如《奉寄子由》[64]詩寄蘇轍：

63 陳衍《宋詩精華錄》卷一，商務印書館，民國二十六年（1937）版。
64 史容所注編年本《外集詩注》黃庭堅《次元明韻寄子由》題下注云：

鐘鼎功名淹管庫，朝廷翰墨寫風煙。遙知道院頗沉寂，定是壺中第幾天。歷下笑談漫一夢，江南消息又餘年。動心忍性非無意，吏部如今信大顛。

黃大臨亦擅填詞，作於宜陽送庭堅的《青玉案》，抒寫其對兄弟遭際的同情，手足之情，感人至深。詞云：

行人欲上來時路。破曉霧、輕寒去。隔葉子規聲暗度。十分酒滿，舞茵歌袖，沾夜無尋處。故人近送旌旗暮。但聽陽關第三句。欲斷離腸余幾許。滿天星月，看人憔悴，燭淚垂如雨。

千峰百嶂宜州路。天黯淡、知人去。曉別吾家黃叔度。弟兄華髮，遠山修水，異日同歸處。樽罍飲散長亭暮。別語纏綿不成句。已斷離腸餘幾許。水村山館，夜闌無寐，聽盡空階雨。

黃叔達（？-1100），字知命，黃庭堅弟。哲宗紹聖五年（1095），黃庭堅貶黔州，黃叔達攜家及庭堅子自蕪湖登舟，於次年到達黔南。元符三年（1100）歸江南，病卒於荊州途中。叔達學問、功名，都遠遜乃兄，只任過廬陵縣令和袁州通判。史稱

「山谷兄大臨字元明。《寄子由詩》云『鐘鼎功名淹管庫，朝廷翰墨寫風煙』。」則此詩為黃大臨所作。

黃叔達「雅負音節」，善詩句。他的小詩、樂府詩，都寫得清麗可愛，有詩四十餘首，附見《黃山谷集》中，《全宋詩》錄十九首。

其《行次巫山宋楙宗遣騎送折花廚醞》詩云：

> 攻許愁城久不開，青州從事斬關來。喚得巫山強項令，插花傾酒對陽台。

又《上南陵坡》：

> 風餐水宿六十里，蛇退猿啼百八盤。上得坡來總歡喜，摩圍依約見峰巒。

前首新穎活潑，充滿機趣，後首以俗為雅，以禪作詩，均有乃兄庭堅詩的風格。

黃叔達存《南鄉子》詞一首，詞云：

> 落帽晚風回。又報黃花一番開。扶杖老人心未老，堪咍。漫有才情付與誰。芳意正徘徊。傳語西風且慢吹。明日餘尊還共倒，重來。未必秋香一夜衰。

詞人興致高漲，甚至帶有些許狂妄，要「傳語西風且慢吹」，又以「未必秋香一夜衰」，自詡人老心未老。儘管如此，一句「漫有才情付與誰」，道出了詞人內心深處那懷才不遇的感

傷，使全詞在疏宕的外表下又深藏沉鬱之美。

第三節 ▶ 惠洪

　　惠洪（1071-1128），一名德洪，號覺範，筠州新昌（今江西宜豐）人。俗姓彭（一作姓喻）。十四歲時，父母雙亡，依三峰靜禪師為童子。哲宗元祐四年（1089），試經於東京天王寺，冒惠洪之名得以剃度為僧。四年後南歸，依真淨禪師於廬山歸宗寺，隨真淨遷洪州石門。二十九歲始，游方東吳、廬山、衡山、金陵等地，住金陵清涼寺。後冒名剃度事發，入獄一年，被勒令還俗。後又至東京，入丞相張商英、樞密郭天信門下，再次得到剃度，賜名寶覺圓明禪師。徽宗政和元年（1111），張、郭遭貶黜，惠洪亦受牽連，發配朱崖軍（今海南三亞）。政和三年獲釋。四年，返筠州，館於荷塘寺。後又被誣為張懷素黨人，被拘入南昌獄百餘日，遇赦，歸湘上南台。高宗建炎二年卒，年五十八。

　　惠洪工書善畫，尤擅繪梅竹，多與當時知名士大夫交游，於北宋僧人中詩名最盛（《四庫全書總目·林間錄》提要）。惠洪身為和尚，時作綺語，因詠「十分春瘦緣何事，一掬歸心未到家」（《上元宿百丈》）句而得「浪子和尚」之稱。

　　惠洪著作極多，保存也較好，是宋代作品存世最多的詩僧。除佛學著述外，其文學作品包括詩文集《石門文字禪》三十卷，《甘露集》三十卷，詩法著作《天廚禁臠》一卷，詩話著作《冷齋夜話》十卷，筆記集《志林》十卷、《林間錄》二卷，傳記文

學集《禪林僧寶傳》三十卷、《高僧傳》十二卷等。

　　《石門文字禪》是惠洪詩歌的代表作。惠洪詩歌創作體式多樣，題材較廣，情感豐富，無一般僧詩的寒儉之態，對傳統意義上的僧詩有著某種程度的超越，很值得研究者認真考察。歷代詩評家對惠洪詩評價不一：

　　　　頗似文章巨公所作，殊不類衲子。[65]

　　　　老洪作語驚一世，筆力可敵千人軍。[66]

　　　　若看參寥詩，則洪詩不堪看也。[67]

　　　　覺範佳句雖多，卻自是士人詩、官員詩，參寥乃真高僧禪客詩也。[68]

　　　　僧詩之妙，無如洪覺範者，此故一名家，不當以僧論也。[69]

　　惠洪詩涉及範圍很廣，除了一般僧詩常見的描山寫水、吟詠風物、孤獨衰病等題材外，還有與士大夫文人相類的題材，如追懷古賢、積極濟世、關心民生，或感慨人生如夢、壯志難酬，又多題畫詩、論詩詩、應酬詩、豔情詩等。

65　許顗：《彥周詩話》，《歷代詩話》本，第382頁。
66　王庭珪：《次韻贈慈書記》，《盧溪文集》卷二十，文淵閣《四庫全書》本。
67　吳可：《藏海詩話》引韓駒語，《歷代詩話續編》本，第337頁。
68　方回：《瀛奎律髓》，卷四十七，文淵閣《四庫全書》本。
69　賀裳：《載酒園詩話》，《清詩話續編》本，第439頁。

在追懷古賢、積極濟世方面，如：

淮陰北面師廣武，其氣豈止吞項羽？君得李佑不肯誅，便知元濟在掌股。羊公德化行悍夫，臥鼓不戰良驕吳。公方沈鷙諸將底，又笑元濟無頭顱。雪中行師等兒戲，夜取蔡州藏袖裡。遠人信宿猶未知，大類西平擊朱泚。錦袍玉帶仍父風，拄頤長劍大梁公。君看韀囊見丞相，此意與天相始終。（《題李愬畫像》）

九江浪黏天，氣勢必東下。萬山勒回之，到此竟傾瀉。如公廷諍時，一快那顧藉！君看洗日光，正色甚閒暇。使唐不敢周，誰復如公者？古祠蒼煙根，碧草上屋瓦。我來春雨余，瞻嘆香火罷。一讀老范碑，頓塵看奔馬。斯文如貫珠，字字光照夜。整帆更遲留，風正不忍掛。（《謁狄梁公廟》）

還有《謁蔡州顏魯公祠堂》《周景仕衙浯溪讀中興碑》等，均頌詠了唐代一些正氣凜然的士大夫的感人事蹟，曲折地反映了作者積極入世、關注現實、希望能有古代那樣的賢人振興北宋的淑世情懷。

在感慨人生如夢、壯志難酬方面，如《南豐曾垂綏天性好學余至臨川欲見以還匡山作此寄之》：

我生少小秀不叢，題詩落筆先飛鴻。一從廢棄脫毛髮，乃與石田樗木同。平生百慮湛古井，無復掀湧波春風。尚餘覷書舊垢習，終日伏案如啞聾。默觀前古忠義輩，光明碩大

皆人雄。聞之恨未目親歷，周行四海如萍蓬。猛聞君侯富道義，浩然養就如嬰童。筆端五色藻造化，經綸事業羅心胸。揚清激濁出天性，英聲不減狄梁公。一節直走汝水上，回首弊帚香爐峰。徘徊一月不及見，痴坐掩局知命窮。霜清昨夜興飄忽，匡山落我清夢中。吾身去住本無繫，便欲登舟而向東。再惟君侯未我識，恨遺他日山水重。作詩願見亦不惡，谷風從虎雲從龍。

還有「人生孰非夢，安有昏旦異」（《大雪晚睡夢李德修》），「人生一大夢，聚散兩戲劇」（《石門中秋》），「此生付浮雲，忽散還復聚。要之不可必，恐作人間雨」（《崇禪者覓詩歸江南》），等等。

惠洪詩想像奇特，擅用比喻、擬人。如《贈范伯履承奉二子》：

大范風月湖，小范煙雨柳。清明與秀徹，風度隨付受。醉闌看落筆，已覺風助肘。聲名定追尋，公卿在懷袖。江湖方縱浪，第未一唾手。乃公干國器，讜論在人口。謫居長閉門，藥方曾校否。著書亦細事，用舍付杯酒。君看雨園鳩，雨晴定呼舊。

首句的比喻尤具特色，詩人將范家大公子的持重含蓄比喻成湖水，而小公子身單體薄，則比譬成雨中煙柳，婀娜多姿。

又《喜會李公弼》：

　　韻如風蟬蛻塵垢，氣如春容在楊柳。風流翰墨俱細事，
自是吾家道門友。十年契闊掛夢寐，一見令人忘白首。況在
祝融眉額間，青碧連天雪晴後。冷齋撥爐聞夜語，雪灰消盡
紅金斗。君才合在臺閣間，簿書堆中不應有。且置玉堂風雨
筆，來試牛刀霹靂手。民奸吏滑本有神，到君難藏如鼻口。
臥駝忽起便過人，再拜當為乃翁壽。此詩乘怒勿示人，願君
低回為遮醜。

　　平淡無奇的以楊柳比擬女子的俗套，因惠洪的妙用，成了比
擬男子的奇特聯想。

　　除了對比喻手法的運用，還有擬人，如《筠溪晚望》：

　　小溪倚春漲，攘我釣月灣。新晴為不平，約束晚來還。
銀梭時撥剌，破碎波中山。整鉤背落日，一葉軟紅間。

　　詩中擬人手法的運用，顯得諧趣盎然。

　　惠洪詩句法獨特，生新奇峭。惠洪詩歌在句法結構上極力追
摹黃庭堅，頗得黃詩的奇崛幽峭。如《次韻寧鄉道中》：

　　夾道傳呼部曲奔，遙知秋色動吟魂。黃柑綠橘平蕪路，
剩水殘山夕照村。似鏡此心清自迥，如云往事去無痕。鐘聲
有寺藏煙翠，忽見林間窈窕門。

　　詩作的五、七句為倒裝語序，如果寫成正常語序的話，則為

「此心似鏡清自迴」「寺有鐘聲藏煙翠」，但是正常語序的詩顯得十分平淡無奇，反而是詩作將正常和倒裝語序間雜錯放，造成了一種不平衡，讀起來奇崛拗峭，韻味悠遠。

惠洪詩歌也有清新秀麗、自然優美的，如《上元宿百丈》：

> 上元獨宿寒巖寺，臥看篝燈映薄紗。夜久雪猿啼岳頂，夢回清月在梅花。十分春瘦緣何事，一掬歸心未到家。卻憶少年行樂處，軟紅香霧噴京華。

惠洪亦善作詞，情思蘊藉，委婉幽約，有黃庭堅早期詞作之風。楊慎《詞品》評曰：

> 宋人小詞，僧徒惟二人最佳，覺範之作類山谷，仲殊之作似花間。[70]

如《青玉案》：

> 綠槐煙柳長亭路，恨取次、分離去。日永如年愁難度。高城回首，暮雲遮盡，目斷人何處。解鞍旅舍天將暮，暗憶叮嚀千萬句。一寸柔腸情幾許？薄衾孤枕，夢回人靜，徹曉瀟瀟雨。

70　楊慎：《詞品》，見唐圭璋《詞話叢編》第 460 頁。

　　詞作抒寫傷別、懷人的心情。上片寫恨別，行者遠去，回首高城，無限悵惘，下片轉入行者別後的懷念，夢回人靜，夜雨瀟瀟。通篇將分別之愁、路途之愁、投宿之愁、夜思之愁抒寫得淋漓盡致，情致纏綿。

　　又《千秋歲》：

　　　　半身屏外，睡覺唇紅退。春思亂，芳心碎。空餘簪髻玉，不見流蘇帶。試與問，今人秀整誰宜對？湘浦曾同會，手搴輕羅蓋。疑是夢，今猶在。十分春易盡，一點情難改。多少事，卻隨恨遠連雲海。

　　詞作步秦觀《千秋歲‧謫虔州日作》原韻，描寫一位獨處空閨的少婦懷春、嘆春的心理與情態。上片描繪春睡時嬌懶倦慵的神情體態，下片著意人物內心的刻畫，少婦追憶往事，腸斷魂消。尤其是「十分春易盡，一點情難改」兩句，情思綿綿，餘韻不盡。

第四節 ▶ 徐俯

　　徐俯（1075-1141），字師川，號東湖居士，洪州分寧（今江西修水）人，黃庭堅之甥。因父死於國事，授通直郎，累官右諫議大夫。紹興二年（1132），賜進士出身。三年，遷翰林學士，擢端明殿學士，簽書樞密院事，官至參知政事。後以事提舉洞霄宮。紹興十一年（1141）卒於饒州。《宋史》本傳說他有詩集六

卷。陳振孫《直齋書錄解題》卷二十「詩集類下」著錄徐俯「《東湖集》三卷」。其詩集今已不傳。《全宋詩》第二十四冊一三八〇卷收徐俯詩一卷。

徐俯生值元祐詩人盛極而衰之際，時江西詩派流弊漸呈興起之勢。徐俯作詩取法江西詩派，但又不專學一家，在奇峭拗健、生澀瘦勁的詩風外，以清新平易另樹一幟。如：

> 一日逢王造，千年與客游。雲邊梅嶺出，坐上贛江流。日落回飛鳥，煙深失釣舟。蟬聲枯柳外，天地晚風秋。（《滕王閣詩二首》之一）
>
> 雙飛燕子幾時回，夾岸桃花蘸水開。春雨斷橋人不渡，小舟撐出柳蔭來。（《春日游湖上》）
>
> 雪中出去雪邊行，屋下吹來屋上平。積得重重那許重，飛來片片又何輕。簷間日暖重為雨，林下風吹再落晴。表裡江山應更好，溪山已後不勝清。（《戊午山間對雪》）

第一首以簡練的幾筆就勾勒出滕王閣上所觀美景的多層次性及由此引發的歷史滄桑感；第二首注重點染變換無窮的春天景致，選景新細，描畫真切，充滿鬱勃的生命氣息；後詩則多方用筆，錯落有致地描繪冬天雪景，同樣體現了徐俯詩觀察細微、描摹新巧的特點。

除清新靈動之外，徐俯詩與江西詩派中其他人不同的是，其詩材不僅僅來源於前人的書本，而是將眼光投注到更廣闊的社會現實。如《明皇夜游圖》：

歌吹開元曲，鉛華天寶妝。苑風翠袖冷，宮露赭袍光。
閭闔連閶闔，驊騮從驌驦。千門還欲曉，九陌乍聞香。

詩作借畫起興，極力展示唐玄宗宮中生活的綺麗豔美與鋪張
奢華，寓意著詩人對當朝濫用民力、揮霍無度的指斥。再如《雙
廟》詩：

開元天寶間，袞袞見諸公。不聞張與許，名在台省中。

呂本中《紫微詩話》記：

饒德操酷愛徐師川俯《雙廟詩》「開元天寶間，袞袞見
諸公。不聞張與許，名在台省中」之句。**71**

詩寫唐代安史之亂中張巡、許遠苦守睢陽的歷史功績，隱約
地譏刺了「名在台省中」於國無補的「袞袞諸公」。徐俯身處南
北宋更替這一特定的歷史時期，筆下多反映現實，表現其憂患意
識，頗具時代色彩。

徐俯詩作雖然追求平淡自然，實則也是極力煉字煉句的結
果，在這點上，他是稱得上領悟了其舅黃庭堅詩歌理論精髓的。
如他的為人們激賞的《春日游湖上》詩（前文已引），與黃庭堅

71　呂本中：《紫微詩話》，《歷代詩話》本，第 362 頁。

《春近四絕句》就有不少追摹之處，黃詩云：

> 閏後陽和臘裡回，濛濛小雨暗樓台。柳條榆莢弄顏色，
> 便恐入簾雙燕來。

徐俯詩在選景、構圖、遣詞、用韻上對黃詩都有所學習、借鑑，真正做到了「奪胎換骨」「點鐵成金」。又《次韻可師題於逢辰畫山水二首》其一：

> 江漢逾千里，陰晴自一川。故山黃葉下，夢境白鷗前。
> 巫峽常雲雨，香爐舊紫煙。布帆無恙在，速上釣魚船。

其他如「一百五日寒食雨，二十四番花信風」「山遠三峰出，溪長二水流」「九派先將明月去，三峰少為白雲留」，等等，都極力鍛煉而無斧鑿痕，人工中見天然。

徐俯亦工詞，其詞語言秀麗，意境開闊。代表作有《念奴嬌》《卜算子》《踏莎行》《鷓鴣天》等。如：

> 素光練靜，照青山隱隱，修眉橫綠。鸜鵒樓高天似水，
> 碧瓦寒生銀粟。萬丈輝光，奔雲湧霧，飛過盧鴻屋。更無塵
> 翳，皓然冷浸梧竹。因念鶴髮仙翁，當時曾共賞，紫岩飛
> 瀑。對影三人聊痛飲，一洗閒愁千斛。斗轉參移，翻然歸
> 去，萬里騎黃鵠。一川霜曉，叫雲吹斷橫玉。（《念奴嬌》）
> 畫棟風生，繡筵花繞。層台勝日頻高眺。清輝爽氣自娛

人，何妨稱意開顏笑。水碧無窮，山青未了。斜陽浦口歸帆少。云鬟煙鬢只供愁，琵琶更作相思調。(《踏莎行》)

在徐俯詞作中，《念奴嬌》詞最著名。詞作想像豐富，意象紛呈，詞氣飄逸浩蕩，極似蘇軾《水調歌頭·中秋》。《踏莎行》一詞繪景精緻，清新曠達，亦有東坡之風。

贛北詩詞

北宋時贛北詩詞的創作依然以南昌為中心，輻射至九江地區。詩人中以洪朋、洪芻、洪炎、洪羽四兄弟及李彭較著名，他們都是江西詩派中著名詩人，他們的詩一部分能做到情趣清幽、語言生新，大多數仍停留在對黃庭堅詩的學習、模仿上，比較缺乏自己的獨特藝術風格。

第一節 ▶ 洪州三洪

洪州洪氏兄弟，一般人們是稱「洪州四洪」或「豫章四洪」，是北宋詩人黃庭堅的外甥，即洪朋、洪芻、洪炎、洪羽四兄弟，他們均以詩才聞名。洪氏兄弟出身書香門第，幼年父母去世，由祖母撫養並啟蒙，後受到舅父黃庭堅的教育和影響，成為江西詩派的詩人。黃庭堅曾說：「洪氏四甥才器不同，要之皆能獨秀於林者也。」[1]但「四洪」中洪羽早逝，其詩不傳，僅有「三

---

1 黃庭堅：《書倦殼軒詩後》，《山谷集》卷二十，文淵閣《四庫全書》本。

洪」可論，所以呂本中《江西詩社宗派圖》也僅列洪朋、洪芻、洪炎三人。

一、洪朋

洪朋，字龜父，號清非居士，南昌（今屬江西）人。黃庭堅甥。與兄弟芻、炎、羽並稱「四洪」，為江西詩派中著名詩人。曾兩舉進士不第，以布衣終身，卒年三十七。有《洪龜父集》《清非集》（《永樂大典》《直齋書錄解題》作《清虛集》），已佚。清四庫館臣據《永樂大典》輯為《洪龜父集》二卷，收詩一七八首。

洪朋生活於北宋覆亡之前，雖為布衣，仍較悠游自在，故其詩多登臨、唱和之作。如《晚登秋屏閣作示杜氏兄弟》：

病夫湯熨暫時停，漫向秋屏閣上行。白日忽隨飛鳥去，青山斷處落霞明。林間嘒嘒寒蟬急，江上悠悠煙艇橫。富貴功名付公等，嗟予老矣負平生。

一般來說，洪朋詩反映的現實面較狹窄，也沒有很深的感慨。但黃庭堅對他評價甚高，說他「筆力可扛鼎」（《書舊詩與洪龜父跋其後》）。從現存洪朋詩來看，還是有一些可取之處的，如情趣的清幽、語言的生新簡淨、意蘊的深遠等。如《宿范氏水閣》：

枕水鑿疏櫺，雲扉夜不扃。灘聲連地籟，林影亂天星。

人靜魚頻躍，秋高露欲零。何妨呼我友，乘月與揚舲。

詩作首聯描寫水閣之狀，頷聯頸聯描寫水閣之外景，其耳目所及，皆清新優美，令人心曠神怡。特別是「林影亂天星」「人靜魚頻躍」，用語簡練，而敘景極活，如臨其境。

呂本中《紫微詩話》曾評云：

　　洪龜父朋《寫韻亭詩》云：「紫極宮下春江橫，紫極宮中百尺亭。水入方州界玉局，雲映連山羅翠屏。小楷四聲餘翰墨，主人一粒盡仙靈。文簫采鸞不復返，至今神界花冥冥。」作詩至此，殆無遺恨矣。[2]

王直方《王直方詩話》亦云：

　　龜父前後作詩，唯有「一朝厭蝸角，萬里騎鵬背」一聯最為妙絕，山谷亦嘗嘆賞此句。[3]

二、洪芻

　　洪芻，字駒父，南昌（今屬江西）人。與兄朋，弟炎、羽並稱「四洪」，為江西詩派中著名詩人。哲宗紹聖元年（1094）進

2　　呂本中：《紫微詩話》，《歷代詩話》本，第 360 頁。
3　　郭紹虞：《宋詩話輯佚》，中華書局，1980 年版，第 53 頁。

士。徽宗崇寧三年（1104）入元祐黨籍，被貶謫閩南。五年，復任宣德郎。欽宗靖康元年（1126），官諫議大夫。高宗建炎元年（1127），因事牽連，長期流放沙門島，後卒於貶所。有《老圃集》一卷及《豫章職方乘》《後乘》等，已佚。清四庫館臣據《永樂大典》輯為《老圃集》二卷，收詩一七二首。

　　洪芻的詩在思想內容上比較單一，多為流連山水及友人唱和之作，偶爾也有涉及現實、關心民眾疾苦之作。如《田家謠》：

　　　　鳩婦勃磎農荷鋤，身披襏襫頭茅蒲。雨不破塊田坼圖，稊稗青青佳谷枯。大婦碓舂頭鬢疏，小婦拾穗行餉姑。四時作苦無褲襦，門前叫嗔官索租。

　　詩作反映農家勞作之苦及官租對他們的嚴重盤剝。農夫披蓑戴茅下田勞作，田因雨水少板結成片，田內野稗叢生、禾苗枯死，農人勞累而無衣御寒，逼租之吏又咆哮臨門。詩人對此極表同情。

　　洪芻創作上常與舅父黃庭堅詩酒唱和，交流甚多，獲益匪淺，所作頗有乃舅之風。如《次山谷韻二首》其二：

　　　　寶石崢嶸佛所廬，經宿何年下清都？海市樓台湧金碧，木落牖戶明江湖。千波春撞有崩態，萬棟凌壓無完膚。巨鰲冠山勿驚走，欲尋高處垂明珠。

　　詩作敘寫寺之來歷及其聖景──海市蜃樓的奇幻景象，其中

「木落」句暗用黃庭堅的「落木千山天遠大，澄江一道月分明」，並合而為一，不落痕跡。「巨鼇」句也是如此手法，典出《列子·湯問》，又化用李白《懷仙歌》「巨鼇莫載三山去，我欲蓬萊頂上行」。詩作詞意新奇，拗峭兀傲，正是黃詩特色。

三、洪炎

洪炎，字玉父，紹聖元年（1094）與兄洪芻同登進士第，任谷城（今河南河陽）縣令。享有「循政」美譽，官至著作郎、秘書少監。因金兵入侵，他的後半生顛沛流離，躲避戰亂。著有《西渡集》，有詩一一二首傳世，還編有《列仙曜儒事蹟》三卷。

洪炎曾親歷靖康之變（1127），因此詩中頗多國破家亡的慨嘆，思想感情比較深沉，尤以《遷居》《次韻公實雷雨》《己酉十一月二十六日避寇至龍潭院十二月十五日作五首》《山中聞杜鵑》《石門中夏雨寒》等詩較為突出。如《次韻公實雷雨》：

> 驚雷勢欲拔三山，急雨聲如倒百川。但作奇寒侵客夢，若為一震靜烽煙！田園荊楚漫流水，河洛淪胥今幾年？擬叩九關箋帝所，人非大手筆非椽。

洪炎《西渡集》中有不少和鄭公實之作。此詩作於靖康之變後，當時汴京失守，中原喪失。詩人客居外地，在大雷雨中，忠憤之情勃發，意欲上書陳情，希望朝廷盡早收復中原，一洗「河洛腥羶」。

又《遷居》：

從宦三十載，故山凡幾歸。昔歸尚有屋，再歸已傾攲。今歸但喬木，竹落荊薪扉。上為烏鳥都，下為犬雞棲。相從東北隅，三畝以為基。積塊與運甓，實窪而培卑。成茲道傍舍，空我囊中貲。堂室敢即安，戶牖適所宜。嘉樹三四株，當窗發華滋。馨香入懷袖，似與遷徙期。我今六十老，豈不知前非。咨謀愚見拾，就列筋力微。竊食奉祠祿，永負《伐檀》詩。松楸幸在望，鄰曲不見遺。葛巾隨里社，庶以保期頤。

詩作前半寫舊屋已壞，歸無所居，於是築新舍；後半寫舍邊有嘉樹，又祖墳在望，自顧衰病之身，正宜送老於此。詩作表面平和，內則將洪炎因曾坐元祐黨人遭貶流放的種種憤慨寄寓於中，其運筆抒情確已臻老成之境。

一般認為，洪炎詩在「三洪」中成就最高，《四庫總目提要》就認為他的詩風「酷似其舅」。確實如此，洪炎作詩，在藝術上近學黃庭堅，遠紹杜甫，以善奪胎換骨、意象清奇、倔曲拗峭、喜用拗體為長。如《山中聞杜鵑》：

山中二月聞杜鵑，百草爭芳已消歇。綠陰初不待熏風，啼鳥區區自流血。北窗移燈欲三更，南山高林時一聲。言歸汝亦無歸處，何用多言傷我情。

詩作敘寫詩人於北窗下，夜深人靜之時，朝著北面的家鄉，勾起的縷縷思鄉之情。關於杜鵑啼歸，唐代有無名氏《雜詩》云

「早是有家歸未得，杜鵑休向耳邊啼」，這是典型的由物及人，洪炎卻說「言歸汝亦無歸處，何用多言傷我情」，進一層由己及物，能奇中出奇，以故為新，深得黃庭堅「奪胎換骨」之精髓。詩作又多以律句、拗句間用，有平中見奇的美感。

再如《四月二十三日晚同太沖、表之、公實野步》：

> 四山矗矗野田田，近是人煙遠是村。鳥外疏鐘靈隱寺，花邊流水武陵源。有逢即畫原非筆，所見皆詩本不言。看插秧針欲忘返，杖藜徙倚到黃昏。

詩當為洪炎南宋初在臨安（今浙江杭州）任職時作。詩作寫野游所見景物，表現作者瀟灑出塵之襟懷。其突出之處在於以議論寫景，意脈似斷實連。如「鳥外疏鐘靈隱寺，花邊流水武陵源」句，「鳥外疏鐘」與「靈隱寺」，「花邊流水」與「武陵源」，照字面是擰不到一塊的，但內在又相關聯，通過視覺的「鳥外」與聽覺的「疏鐘」，以邏輯判斷聲音來自「靈隱寺」；又根據視覺的「花邊」與「流水」，再聯想到陶淵明《桃花源記》中的美好描繪，以邏輯判斷這是「武陵源」般的所在。意象清奇而又倔曲拗峭，抑揚頓挫，頗似黃庭堅之詩，體現了宋詩的典型特色。

洪羽，字鴻父，紹聖四年（1097）進士，官浙江台州知府。元符（1098-1100）中因上書而被列入黨籍，早卒。他能詩善文，因英年早逝，其詩不傳。

第二節 ▶ 李彭

　　李彭，字商老，南康軍建昌（今江西永修西北）人。生卒年均不詳，約宋哲宗紹聖初前後在世。因家有日涉園，自號日涉翁。與韓駒、洪芻、徐俯等人交善，博覽群書，詩文富贍，為江西派大家，名列呂本中《江西宗派圖》。甚精釋典，被稱為「佛門詩史」。著有《日涉園集》十卷，已佚。清四庫館臣據《永樂大典》仍輯為十卷，收詩七二七首。《兩宋名賢小集》卷一一五存《玉澗小集》五卷。

　　北宋末年，朝廷更迭頻繁，朝政混亂，政局黑暗，變法派與反對派黨爭不斷，義軍四起。在內政失和的情況下，朝廷還要每年支付巨額歲幣給先後崛起的鄰國遼、金，以求苟延殘喘。內憂外患之下，朝廷又加強對文人的言論控制，動輒興文字獄，令文臣不敢暢言。而身處底層的百姓更加過著水深火熱的生活。隱居田園的李彭，一方面與居身仕途的文人交往密切，從而看盡官場上的起伏悲歡：

> 舉世市道交，誰能保榮名。譬之多財賈，惡囂安得贏。一身拱璧重，萬事秋毫輕。向來冥寂士，飄然逐遐征。（《以形模婦女笑度量兒童輕為韻賦十詩》其十）

　　另一方面，他又深切體會到身為百姓，更確切地說，是親歷農田生活的遭遇和感受。由於隱居未仕，李彭靠先祖留下的幾分田地為生。趕上豐年，家無疾患時，基本上能過上自給自足的生

活，但每遇賦稅沉重、家有疾困時，便入不敷出（李彭《農家三首》）。大致在中年時期，李彭長期陷入貧病之中，生活過得相當窘迫。切身的體會令他深深理解和同情百姓的疾苦，從而發出「海內政不苛，民望罷危苦」（《聞官軍已破賊巢》）的呼聲。然而面對複雜的政局，他更願意寫下他所看到的光明的一面，並始終對國家前途充滿美好憧憬：

> 屬聞殷國師，已發吳越靭。破竹擒諸偷，長纓收犯順。官軍將解嚴，胸懷俱朗潤。小雁讀我詩，出語亦遒峻。流霞暾槁顏，如彼潮有信。但願吉語聞，稱觴兀斑鬢。（《次九弟韻》）

李彭詩中難見直觸政事的詩，除上述《聞官軍已破賊巢》外，還有《聞官軍已臨賊境》，在兩詩中，官軍都以勝利者的姿態出現。即便在離別將赴沙場的好友時，李彭也少有哀怨之態：

> 誰知舞文吏，抱牘進凫雁。煩苛困疲民，欲作搏沙散。談笑罷追胥，老稚無遺患。（《別何肅之》）

眼見亂兵四起，「煩苛困疲民」，像何肅之這樣一介文士也將奔赴沙場，「欲作搏沙散」，李彭擔憂友人安危的同時，又期待友人能「談笑罷追胥」，使「老稚無遺患」。總能看到事物的積極面，與他樂觀的個人性情和他對佛學的精研是分不開的。

李彭生性樂觀，性情狂放不羈，喜交友，善言談，即便身處

貧病之中也不怨天尤人，而是淡然視之：

> 貧賤俯中歲，沒齒甘無聞。藿食屢清餓，勢與膏粱分。
> （《呼酒告竭不果飲徒飲漿因次淵明述酒韻》）
> 年來我亦食無魚，莫遣此老專懷鞱。時時酒澆茶苦蕈，
> 亂我玄稿俱扶疏。（《戲答棕筍》）

「甘」「戲」二字，將他於個人名利的淡泊、於俗世困苦的超脫展露無遺。李彭喜愛禪學，「尤究心釋典」，人謂之「佛門詩史」（張泰來《江西詩社宗派圖錄》）。佛學對他的思想和創作都產生了深遠的影響，令二者都趨於平和的狀態。從李彭現今所存的全部詩文來看，唱和詩占了絕大部分，類似《別何嚴肅之》這樣少有情感跌宕起伏的詩篇也占了唱和詩的絕大部分，這樣的行文方式，不免使他的詩文在思想上欠厚重，少了些人情味。但換個角度來說，這種近乎置身事外的「他者」的敘述方式，也正是他區別於其他江西詩派詩人之處。而且，這也並未影響他對詩歌的真摯追求，他在貧苦中猶言：

> 懸知成小草，何苦辭遠志。飢求仁者粟，不用濫乞米。
> 清言豈置患，高誼世所趣。君看陸平原，華亭思鶴唳。季野
> 雖不言，四時氣亦備。一飽會有時，幽園動春意。（《修
> 源》）

詩中顯見其如陶淵明般不為五斗米折腰的骨氣和志向。李彭

的豪爽與才氣也吸引了不少當時頗有名望的文士。李彭現存詩中可見到的與他交往、唱和的人物，江西詩派中的有：黃庭堅、陳師道、韓駒、徐俯、洪芻、謝逸、謝邁（謝逸堂弟）、林敏功、饒節、僧祖可（為蘇堅子，蘇庠弟）、呂本中、潘大觀等；江西詩派之外的有：蘇軾、蘇迨（蘇軾次子）、張耒、蘇堅、蘇庠（蘇堅子）、汪藻、王銍、劉壯輿、陳瓘、陳恆（陳瓘弟）、隆禮（呂本中弟）、敦智（呂本中弟）、潘錞、釋惠洪、宗杲、洪仲本（洪芻子）、林占處士（林逋孫），等等。另有何頡（字斯舉）兄弟（二何）也與李彭交往密切，他們是否為江西詩派中人，尚存爭議。李彭交友，並不濫交，他重視朋友間的同氣相求，他所強調的「氣」是指雙方的志趣相投：

書來挾妙句，眷言頗綢繆。乃知氣先感，臭味還相侔。（《奉酬湖陰韋深道》）

飄飄顧曲郎，恬愉仍靜深。相逢何必早，但貴相知心。臨博斯識道，聞韶真賞音。端須理三徑，歲華多浸淫。（《次韻答禹功兼簡周國振時禹功一夕泛舟歸郡不及話離》）

江西詩派中的詩人，大都無「文人相輕」的習氣，往往互為欣賞，互相鼓勵，大家以詩文唱和互贈，樂此不疲。李彭也以結識志趣相投的朋友為樂，因為相知相惜，他與友人們往往結下深厚友誼。在唱和詩中，李彭大多表露出對友人的理解和支持，如《送杲上人復往荊南》一詩。他對大慧普覺禪師宗杲已不止於「俊氣橫九州島」這一淺層的欣賞，還對他獨自一人在傳道途中

所付出的艱辛充滿理解和欽佩：「歸來寂無聞，翠琰開險艱。精衛既填海，愚公果移山。」與此相似的詩還有很多，李彭的寬厚善解，自然也深受友人的賞識。與他相交甚好的釋惠洪就對他的一身豪氣印象猶深：

> 陳瑩中嘗問予南州近時人物之冠，予以師川、駒父、商老為言，瑩中首肯之。駒父戲效孟浩然，作語如王、謝家子弟，風神步趨，不能優劣；商老和之，如劉安王見上帝，大言不遜，豪氣未除；獨師川有句，在暮山煙雨裡，西洲落照中，未暇寫也。（惠洪《跋徐洪李三士詩》）[4]

呂本中則一語道破其灑脫的性情：

> 竹不可一日無，酒不可飲不醉。平生嗜酒愛風竹，此意不許凡兒會。南來經年飽塵垢，袖手甘隨百夫後。文章漫作無功身，只了兒曹補窗竇。（呂本中《寄李商老》）[5]

陸心源《李彭傳》亦云：

> 字有鐘、王之風，自言法右軍之豔麗，用魯公之氣骨，

4　《古典文學研究資料匯編·黃庭堅和江西詩派卷》，第 718 頁。
5　《古典文學研究資料匯編·黃庭堅和江西詩派卷》，第 719 頁。

獵奇峭於誠懸，體韻度於凝式。灌園修水之上，筆畫一出，人爭傳寶。[6]

身處貧困、一生未仕的李彭，以其內在的品行修養與才力志趣贏得了廣泛的推崇與尊重。

參考文獻

1. 陳師道：《後山詩話》，中華書局版《歷代詩話》本。

2. 陳振孫：《直齋書錄解題》，上海古籍出版社，1987 年版。

3. 程毅中：《宋人詩話外編》，國際文化出版公司，1996 年版。

4. 方東樹著，汪紹楹校點：《昭昧詹言》，人民文學出版社，1984 年版。

5. 傅璇琮：《古典文學研究資料匯編·黃庭堅和江西詩派卷》，中華書局，1978 年版。

6. 郭紹虞：《宋詩話輯佚》，中華書局，1980 年版。

7. 胡仔纂集，廖德明校點：《苕溪漁隱叢話》，人民文學出版社，1981 年版。

8. 黃庭堅撰，黃寶華點校：《山谷詩集注》，上海古籍出版

第二編·宋元江西詩詞（上）

社，2003 年版。

9. 黃庭堅著，劉琳、李勇先、王蓉貴校點：《黃庭堅全集》，四川大學出版社，2001 年版。

10. 黃庭堅：《豫章黃先生文集》，上海涵芬樓借嘉興沈氏藏宋干道刊本影印本，上海商務印書館，民國十八年版。

11. 黃庭堅：《山谷集》，文淵閣《四庫全書》本。

12. 黃庭堅：《山谷別集》，文淵閣《四庫全書》本。

13. 黃寶華：《黃庭堅評傳》，南京大學出版社，1998 年版。

14. 厲鶚：《宋詩紀事》，上海古籍出版社，1983 年版。

15. 阮閱編：《詩話總龜》，人民文學出版社，1987 年版。

16. 莫礪鋒：《江西詩派研究》，齊魯書社，1986 年版。

17. 歐陽修：《歐陽修文集》，中華書局，2001 年版。

18. 歐陽修：《六一詩話》，中華書局版《歷代詩話》本。

19. 齊治平：《唐宋詩之爭概述》，岳麓書社，1984 年版。

20. 錢鍾書：《宋詩選注》，人民文學出版社，1958 年版。

21. 錢鍾書：《談藝錄》，中華書局，1984 年版。

22. 沈約：《宋書》，中華書局，2003 年版。

23. 沈德潛等編：《歷代詩別裁集》，浙江古籍出版社，1998 年版。

24. 唐圭璋：《詞話叢編》，中華書局，1986 年版。

25. 脫脫等：《宋史》，文淵閣《四庫全書》本。

26. 王安石：《臨川先生文集》，中華書局上海編輯所，1959 年版。

27. 王安石撰，李壁箋注：《王荊公詩箋注》，中華書局，

1958 年版。

28. 王水照：《宋代文學通論》，河南大學出版社，1997 年版。

29. 嚴羽：《滄浪詩話》，中華書局版《歷代詩話》本。

30. 晏殊著，胡思明點校：《珠玉詞》，上海古籍出版社，1988 年版。

31. 晏幾道著，王根林點校：《小山詞》，上海古籍出版社，1988 年版。

32. 張戒：《歲寒堂詩話》，中華書局版《歷代詩話續編》本。

第三編　宋元江西詩詞（下）

　　靖康二年（1127）五月，趙構正式即位，建都臨安，稱為南宋。南宋政權的建立和偏安局面的形成，使江西的經濟文化很快又恢復了蓬勃發展的勢頭，並成為南宋政權主要的財賦供給地。

　　江西詩詞也繼北宋發展的良好勢頭，又加上一些有利的外部條件，仍然不斷向前推進。其有利的外部條件，一是大批著名作家的仕宦或游歷至江西，如辛棄疾、陸游、范成大、張孝祥等，他們在江西的政治和文學活動，促進了江西詩詞的發展，特別是辛棄疾的抗戰之詞，影響尤著；二是隨著靖康南渡，興起於北宋的理學，其重心也南移至江西，這在一定程度上加強了江西文學的地位。南宋的江西詩詞便在民族抗戰呼聲與理學氛圍的交互中發展起來。

　　南宋江西詩歌的發展，以寧宗開禧年間為界，大致分為兩個階段。

　　前階段是江西詩派詩風曲折轉變的過程，直至楊萬里「誠齋體」的出現，標誌著轉化的成功。江西詩派發展到後期，出現了不少弊端，不少詩人致力於轉變江西詩風的探索。江西續派之曾紘、曾思、曾幾已透露出轉化端倪，進而是號稱「中興四大詩人」的尤（袤）、楊（萬里）、陸（游）、范（成大）同時崛起，他們沿著呂、曾開辟的方向，出入江西詩學，最終走出了江西詩派的局限。特別是楊萬里，他揚棄了江西詩派「資書以為詩」的路徑，倡揚師法自然，以「活潑剌底」的詩風標示了江西詩風轉變的成功。與楊萬里同時，有以理學家朱熹為核心人物的朱氏家族的詩詞創作，成就最大者為朱熹，他的以理學觀照事物的哲理詩，為江西詩詞增添了新鮮內容和風格。

後階段是南宋滅亡前期直至滅亡，江西詩人們以救亡扶傾、慷慨激越的民族悲歌唱響詩壇。文天祥、王炎午、謝枋得等愛國志士和民族英雄，他們踐履著傳統儒學為士大夫文人規劃的人格模式，以不屈的民族氣節和偉大的愛國精神而慷慨悲歌，歌頌救亡圖存的偉大鬥爭，以他們的血淚甚至生命寫下了江西詩壇乃至南宋文學光耀千秋的最後一筆。

南宋的江西詞作也可一分為二而論。一是受辛棄疾影響的愛國詞派，一是以姜夔為代表的格律詞派。

辛棄疾曾在江西兩度為官，兩度閒居，前後共生活了二十多年。在江西，他從一位政治家、軍事家變成一位文學家，並以其愛國情懷和英雄氣概影響了不少江西詞人，形成了江西愛國詞人群。這之中，前期的作家有向子諲、袁去華、洪皓、劉過、楊炎正、劉仙倫等，後期則有以劉辰翁為代表的「鳳林書院」一派，如羅志仁、鄧光薦等，他們被研究者稱為「後江西詞派」。這些詞人的作品，慷慨激昂，處處流露出抗戰到底的決心與意志以及對奸佞誤國的憤懣，是詞壇上的英雄之歌。

南宋江西詞壇的格律派以姜夔為代表。姜夔引詩濟詞，並將詞的音律、創作風格和審美理想納入一定的法度之中，著力表現一種清幽冷雋的意境，將原來並無必然聯繫的清空、騷雅聯成一體，形成一種新的詞風，在詞壇上產生很大影響，除同為江西鄱陽的詞人張楫外，還影響到南宋末年的王沂孫、張炎、周密、史達祖、吳文英等一大批外省詞人。

元代的江西詩詞以號稱「元四家」中的虞集、范梈、揭傒斯為代表，其中虞集成就最高。他們的詩作大體以唐人為宗，亦有

宋人風格，主要追求詞采的雄麗、語言的工整及音律的協和，較
之宋代江西詩詞，雖然缺乏個性的張揚和縱恣，但亦不乏可觀之
處。

南宋前期江西詩歌

南宋前期江西詩壇的一個突出現象是對江西詩派藝術形式上的某些流弊進行改造、糾正,並探索新的出路。這之中,有曾幾、楊萬里等,特別是楊萬里,他從學江西詩法入手,但最終又能從根本上擺脫江西詩派的束縛,以其獨創精神,自成體格,打開了宋詩的新局面,為宋詩的發展作出了獨特的貢獻。其次是王庭珪、汪藻、胡銓等人的愛國詩歌,他們以不屈的民族氣節和偉大的愛國精神,唱響了江西詩壇,成為南宋覆亡之際愛國詩歌的先聲。

第一節 ▶ 曾紘、曾思父子

曾紘、曾思為父子詩人,北宋文學家曾鞏的侄子和侄孫。曾紘(一作「絋」),生卒年不詳,約宣和(1119-1125)前後在世。字伯容,號臨漢居士。宣和特科進士,曾任文林郎。與曾鞏、曾肇、曾布、曾紆等並稱「南豐七曾」。曾思(一作「恩」),生卒年不詳,約紹興(1131-1162)前後在世。字顯道,號懷峴居士。曾任祁陽(今屬湖南)知縣。

父子二人的詩歌創作，陳振孫《直齋書錄解題》著錄有曾紘《臨漢居士集》七卷，曾思《懷峴居士集》六卷。今均不存。我們僅能從楊萬里所作《江西續派二曾居士詩集序》中知其大概，其序曰：

南豐先生之族子有二詩人焉，曰臨漢居士伯容者，南豐從兄弟曰子山名阜之子也；曰懷峴居士顯道者，伯容之子也。子山嘗位於朝，出漕湖南，後家於襄陽，遂為襄陽人。伯容一世豪俊而能文，其詩源委山谷先生。然以不肯伈俔於世，有官而終身不就列。顯道得其父之句法，亦以氣節高簡，嘗宰祁陽，小不可其意，即棄去隱於衡之常寧者三十年。此君子之一不幸也。伯容放浪江湖間，與夏均父諸詩人游從唱和，其題與韻見於均父集中者，三十有二篇。予每誦均父之詩，云曾侯第一；又云五言類玄度；又云秀句無一塵。想見其詩而恨不見也，行天下五十年，每見士大夫，必問伯容父子詩，皆無能傳之者，此又君子之一不幸也。茲非所謂生既不用於時沒又不傳於後，不幸之不幸者歟。今日忽得故人尚書郎江西漕使雷公朝宗書，寄予以二曾詩集二編，屬予序之，欣然盥手，披讀三過，蔚乎若玉井之蓮，敷月露之下也；沛乎若雪山之水，瀉灩澦而東也；琅乎若岐山之鳳鳴，梧竹之風也。望山谷之宮庭，蓋排闥而入，歷階而升者歟。昔人之詩，有詩傳而人逸者矣，《二南》是也。有人傳而詩逸者矣，《祈招》是也。有人與詩俱傳者矣，《載馳》是也。然祭公謀父之作，雖逸於三百篇之外，而式金式玉之

句猶略見於檮杌之史者。以子革之誦也。二曾之詩。昔無傳而今有傳，不以朝宗能誦之歟。不曰二曾不幸之幸歟，不曰後學不幸之幸歟。因命之曰江西續派而書其右，以補呂居仁之遺云，伯容名紘，顯道名思，朝宗之於顯道，如李漢之於退之。故二居士之詩，朝宗得之於德曜，德曜得之於懷峴，懷峴得之於臨漢。[1]

據楊萬里序中所言，曾紘的詩歌創作「源委山谷先生」，曾思「得其父之句法」，二人都「氣節高簡」，所以詩作「蔚乎若玉井之蓮，敷月露之下也；沛乎若雪山之水，瀉灘濆而東也；琅乎若岐山之鳳鳴，梧竹之風也」，有類於黃庭堅的超拔脫俗的詩歌境界，所以是「望山谷之宮庭，蓋排闥而入，歷階而升者」，故為江西續派。

第二節 ▶ 汪藻、王庭珪、胡銓的愛國詩歌

一、汪藻

汪藻（1079-1154），字彥章，德興（今屬江西）人，崇寧二年（1103）進士，調婺州（今浙江金華）觀察推官，後遷著作佐郎。南宋高宗時歷任中書舍人，翰林學士，一時詔令，多出其

1　楊萬里：《誠齋集》卷八四，文淵閣《四庫全書》本。

手。後出徽州、宣州，貶居永州。官至顯謨閣大學士、左大中大夫，封新安郡侯。著有《浮溪集》六十卷。

汪藻早年曾向徐俯學詩，中年以後又拜韓駒為師，然而他的詩卻不沾江西詩派習氣而近似蘇軾。在紹聖、元符年間，有聲譽於太學。徽宗時，與胡伸俱有文名，人稱「江左二寶，胡伸汪藻」。

汪藻因親身經歷了北宋滅亡的慘痛歲月，詩作多觸及時事，抒寫山河破碎、中原淪喪的悲痛。如《己酉亂後寄常州使君姪四首》其二：

> 草草官軍渡，悠悠敵騎旋。方嘗勾踐膽，已補女媧天。諸將爭陰拱，蒼生忍倒懸。乾坤滿群盜，何日是歸年。

又如《避地函亭野步》：

> 平疇漲清波，隴麥如人深。溝畎戲鳧鷖，新蒲映浮沉。我生本樵漁，對此詣初心。風物豈不好，悲來自難任。胡騎暗中原，四海如驚禽。

汪藻的寫景詩如《春日》，也曾傳誦一時，詩云：

> 一春略無十日晴，處處浮雲將雨行。野田春水碧於鏡，人影渡傍鷗不驚。桃花嫣然出籬笑，似開未開最有情。茅茨煙暝客衣濕，破夢午雞啼一聲。

錢鍾書在《宋詩選注》的小序中高度評價汪藻：「北宋末南宋初的詩壇差不多是黃庭堅的世界，蘇軾的兒子蘇過以外，像孫覿、葉夢得等不捲入江西派風氣裡而傾向於蘇軾的名家，寥寥可數，汪藻是其中最出色的。」[2]

二、王庭珪

王庭珪（1079-1172），字民瞻，自號盧溪真逸，盧陵安福（今江西吉安安福縣）人。政和八年（1118）進士。初任茶陵縣丞，與上官不合，於徽宗宣和五年（1123）憤而棄官，歸隱家鄉，並在安福盧溪畔築草堂數間，一方面藏書數千卷，日夜苦學；一方面開門授徒，教授鄉里。於是登門求教者絡繹不絕，門人稱其為盧溪先生。紹興中，胡銓請斬秦檜，謫新州，一時親友故舊，無敢通問。唯獨王庭珪賦詩送行，有「痴兒不了公家事，男子須為天下奇」句。坐訕謗，流放夜郎（一作嶺南）。紹興二十五年（1155），秦檜死，才赦歸家鄉。孝宗時，召對內殿，賜國子監主簿，乾道六年（1170），復除直敷文閣。乾道八年三月，王庭珪以九十三歲高齡卒於家鄉盧溪草堂。王庭珪著述甚豐，有《盧溪集》五十卷，今尚存。其他有《易解》二十卷，《六經講議》五卷，《語錄》五卷，《滄海遺珠》五卷，《方外書》十卷等，但都已散佚。在南宋江西詩壇上，王庭珪與胡銓、周必大均同籍盧陵，又為相知友好，他們相與唱酬，以愛國復國相期

2　錢鍾書：《宋詩選注》，第 121 頁。

許，為南宋江西詩壇增添了一部激越的男聲合唱。

王庭珪早年游太學時即有詩名，胸有經綸之才，又常懷憂國愛民之心，又因其志趣高潔，風骨凜然，不容於時，因而仕途蹭蹬，晚年又因詩遭流放。詩中常郁雄直之氣，因而詩風雄渾剛健，興寄高遠，如《送胡邦衡之新州貶所》二首：

　　囊封初上九重關，是日清都虎豹閒。百辟動容觀奏牘，幾人回首愧朝班。名高北斗星辰上，身墮南州瘴海間。不待他年公議出，漢廷行召賈生還。

　　大廈元非一木支，欲將獨力拄傾危。痴兒不了公家事，男子要為天下奇。當日奸諛皆膽落，平生忠義只心知。端能飽吃新州飯，在處江山足護持。

王庭珪就是因為這兩首詩，在古稀之年還遭受八年流放之苦。詩作描繪了胡銓上書所引發的巨大震動，讚揚了他乞斬檜、罷和議、「欲將獨力拄傾危」的愛國壯舉，直接指斥了秦檜的賣國罪行，喊出「男子要為天下奇」的心聲。

其他如：

　　將軍欲辦斬樓蘭，子欲從之路匪艱。十萬奇才並劍客，會看談笑定天山。（《送周解元赴岳侯軍二絕句》其一）

　　書生投筆未封侯，拔劍聊為萬里游。燕頷果能飛食肉，要令豹尾出兜鍪。（《送周解元赴岳侯軍二絕句》其二）

詩作熱血沸騰地謳歌抗金愛國的英雄。有愛就有憎，王庭珪詩作也對賣國奸臣進行了有力的鞭撻，如《讀韓文公猛虎行》：

　　夜讀文公猛虎詩，云何虎死忽悲啼。人生未省向來事，虎死方羞前所為。昨日猶能食虎豹，今朝無計奈狐狸。我曾道汝不了事，喚作痴兒果是痴。

　　王庭珪一生中雖隱居達五十年，詩卻極少隱士氣，內容多關心現實，形式多酬和贈答之作。在創作方法上，雖也有模仿黃庭堅之格調，承襲其詞語句法之處，但總體上卻不走江西詩派瘦削生硬一路，而是勁健爽朗、明白曉暢。特別是他還認為作詩應該師法自然，強調「擬就江山覓佳句」（《清輝亭》），其學生楊萬里走師法自然的創作道路，與他這一觀點是有關聯的。

三、胡銓

　　胡銓（1102-1180），字邦衡，號澹庵，廬陵（今江西吉安）人。高宗建炎二年（1128）進士，此科由高宗策士，胡銓答策萬余言，授撫州軍事判官，轉承直郎。因其父去世，回家守制。此時，金兵南下，戰火蔓延至江西吉安，胡銓自發組織家鄉農民，入城堅守。紹興五年（1135），因兵部尚書呂祉推薦，賜對，升樞密院編修官；八年，上疏反對秦檜主和，乞斬王倫、秦檜、孫近，而且指責高宗，這就是震動朝野的《戊午上高宗封事》。秦檜認為「狂妄凶悖」，於是下詔除名，貶昭州。由於朝臣營救，改監廣州鹽倉。十二年被劾，又貶新州，十八年又被謫移吉陽

軍。直至秦檜死，才得徙移衡州。孝宗即位後，復職奉議郎。隆興元年（1163），和議又起，當時朝廷十四個大臣中，惟獨胡銓一人激烈反對，結果被排擠出朝廷，任浙西淮東海道使，指揮前線戰事。淳熙七年（1180），胡銓客死南雄（今廣東省南雄市）。他矢志報國之心至死不渝。他在臨終前寫的《遺表》中，猶喊出要化為「厲鬼殺賊，至死不忘」。卒後諡忠簡。

在文學史上，胡銓以其慷慨激昂的政論文而聞名，如《戊午上高宗封事》《應詔言事狀》《應詔集議狀》《上孝宗封事》《與王中丞相書》等，都痛快淋漓、激昂陳事。胡銓的詩，一如其文，頗具風采。如：

世路羊腸險，崎嶇不計層。附炎蛾並火，待暗鼠窺燈。國削臣心折，秋高虜勢增。魚蝦何足慮，回前顧鯨鵬。（《過青潭鋪用杜少陵韻》）

何人著眼覷征驂，賴有新詩作指南。螺髻層層明晚照，蜃樓隱隱倚晴嵐。仲連蹈海齊虛語，魯叟乘槎亦謾談。爭似澹庵乘興往，銀山千疊酒微酣。（《次雷州和朱彧秀才韻時欲渡海》）

以身去國故求死，抗疏犯顏今獨艱。閣下特書三姓在，海南惟見兩翁還。一抔孤冢寄瓊島，千古高名屹太山。天地只因慳一老，中原何日復三關。（《哭趙公鼎》）

詩人雖屢遭貶斥，卻意氣不減，極富戰鬥性。尤其是《哭趙公鼎》一詩，因為詩人與趙鼎身世相似，趙鼎也是一位抗金名

將，後被秦檜排擠，同樣被貶至海南島，不食而卒。因此，詩作名為哀悼趙鼎，實為表現作者壯志難酬的悲痛。

胡銓詞亦多激憤之語，如《好事近》：

> 富貴本無心，何事故鄉輕別？空使猿驚鶴怨，誤薜蘿風月。囊錐剛要出頭來，不道甚時節。欲駕巾車歸去，有豺狼當轍。

這是宋高宗紹興十八年（1148），胡銓被貶居廣東新州時寫的一首詞。詞作表現了胡銓不畏權勢，決不和以秦檜為代表的投降派同流合污的高尚氣節。因為詞中直斥「豺狼當轍」，秦檜的私黨張棣迎合意旨，以此詞為據，向朝廷檢舉他「謗訕怨望」，以致被遠謫海南島（《四朝名臣言行錄》）。

胡銓一生反對和議，堅決主張抗金，因此他的詩詞中一直貫串著抗金愛國這一主題。

第三節 ▶ 曾幾

曾幾（1084-1166），字吉甫，自號茶山居士。其先贛州（今江西省贛州市）人，後徙河南洛陽。徽宗朝，以兄弼恤恩授將仕郎。在吏部考試中列優等，賜太學上舍出身，擢國子正兼欽慈皇后宅教授。遷辟雍博士，除校書郎。後出任應天府（今屬河南）少尹，庭無留訟。欽宗靖康元年（1126），提舉淮東茶鹽。高宗朝，改提舉湖北茶鹽，徙廣西運判，歷官江西、浙西提刑，後因

得罪秦檜被免職。任廣西運判，固辭。僑居上饒（今屬江西）茶山寺七年，自號茶山居士。秦檜死，再起為浙西提刑，知台州（今屬浙江）。後任秘書少監，奉旨修《神宗寶訓》，書成，權禮部侍郎。以老請謝，提舉洪州玉隆觀。孝宗隆興二年（1164），在左通議大夫任上辭官。乾道二年卒，年八十二，諡文清。曾幾有《經說》二十卷、文集三十卷，久佚。清四庫館臣據《永樂大典》輯為《茶山集》八卷。

《宋史・曾幾傳》云：

> 曾幾，字吉甫，其先贛州人，徙河南府（治所在今洛陽市）……試吏部，考官異其文，置優等，賜上舍出身……靖康初，提舉淮東茶鹽。高宗即位，改提舉湖北，徙廣西運判、江西提刑，又改浙西……僑居上饒七年。檜死，起為浙西提刑，知台州……授秘書少監……除集英殿修撰，又三年，升敷文閣待制。
>
> 金犯塞，中外大震……幾疏言：「增幣請和，無小益，有大害，為朝廷計，正當嘗膽枕戈，專務節儉，經武外一切置之，如是雖北取中原可也……」帝壯之。
>
> 孝宗受禪，幾又上疏數千言。將召，屢請老，乃遷通奉大夫，致仕……乾道二年卒，年八十二，諡文清。[3]

3　脫脫等：《宋史》卷三八二。

曾幾並未被呂本中列入「江西宗派圖」，但他的詩歌創作確以杜甫、黃庭堅為宗，講究參悟、講究句律，後人還是將他列入江西詩派中。曾幾曾自道：

　　　　工部百世祖，涪翁一燈傳，聞無用心處，參此如參禪。（《東軒小室即事五首》之四）
　　　　老杜詩家初祖，涪翁句法曹溪。尚論淵源師友，他時派到江西。（《李商叟秀才求齋名》）
　　　　床頭白酒新浮甕，案上黃詩屢絕編。（《寓居有招客者戲成》）
　　　　學詩如參禪，慎勿參死句。縱橫無不可，乃在歡喜處。又如學仙子，辛苦終不遇。忽然毛骨換，政用口訣故。居仁說活法，大意欲人悟。常言古作者，一一從此路。（《讀呂居仁舊詩有懷其人作詩寄之》）

　　關於曾幾歸屬的詩派，陸游、劉克莊認為：

　　　　公治經學道之餘，發於文章，雅正純粹，而詩尤工。以杜甫、黃庭堅為宗，推而上之，由黃初、建安，以極於《離騷》《雅》《頌》、虞夏之際。初與端明殿學士徐俯、中書舍人韓駒、呂本中游，諸公繼沒，公巋然獨存，道學既為儒者

宗，而詩益高，遂擅天下。[4]

　　余既以呂紫微附宗派之後，或曰：派詩止此乎？余曰：非也，曾茶山贛人，楊誠齋吉人，皆中興大家數。[5]

　　在詩歌創作中，曾幾能把個人的憂患與國事結合起來，表現出深沉悲憤的愛國憂民之情。如《寓居吳興》：

　　　相對真成泣楚囚，遂無末策到神州。但知繞樹如飛鵲，不解營巢似拙鳩。江北江南猶斷絕，秋風秋雨敢淹留？低回又作荊州夢，落日孤雲始欲愁。

　　詩作於寫景詠物之中流露出渴望收復中原之情，內中充溢的是詩人一腔愛國的忠憤之氣；藝術上講求對仗和用典，使詩的感情張力大為增強，顯得深沉而又蒼涼，頗有杜甫的風味。又如：

　　　江湖迥不見飛禽，陸子殷勤有使臨。問我居家誰暖眼，為言憂國只寒心。官軍渡口戰復戰，賊壘淮壖深又深。坐看天威掃除了，一壺相賀小叢林。（《雪中陸務觀數來問訊用其韻奉贈》）

4　陸游：《曾文清公墓誌銘》，《渭南文集》卷三十二，《四部叢刊》影印明弘治活字本。

5　劉克莊：《萊山誠齋詩選序》，《後村先生大全集》卷九十七，《四部叢刊》影印舊鈔本。

目送長淮去不回，登臨萬感集層台。波間定有隋渠水，
曾向大梁城下來。（《長淮有感》）

《四庫全書總目提要·茶山集》評道：

幾之一飯不忘君，殆與杜甫之忠愛等。[6]

曾幾詩中更多的是表現自己生活情趣的一些閒適詩、詠物詩
和酬贈詩。如《三衢道中》：

梅子黃時日日晴，小溪泛盡卻山行。綠蔭不減來時路，
添得黃鸝四五聲。

詩作語言明快暢達，聲調委婉和諧、輕快流動。又《蘇秀道
中自七月二十五日夜大雨三日秋苗以蘇喜而有作》：

一夕驕陽轉作霖，夢回涼冷潤衣襟。不愁屋漏床床濕，
且喜溪流岸岸深。千里稻花應秀色，五更桐葉最佳音。無田
似我猶欣舞，何況田間望歲心。

這首詩語言簡明洗練，輕巧明快，淺顯易懂。

第三編・宋元江西詩詞（下）

　　曾幾這類詩手法上以白描為主，詩風以清淡平易、細膩工穩、活潑從容見長。這是對江西派詩風的創新與發展，在宋詩由江西派轉向「中興詩派」的過程中，起到了一定的過渡作用。正如評家所言：

　　　　清於月白初三夜，淡似湯烹第一泉。咄咄逼人門弟子，劍南已見一燈傳。[7]

　　　　嗣黃陳而恢張悲壯者，陳簡齋也，流動圓活者，呂居仁也，靖勁潔雅者，曾茶山也。[8]

　　　　南宋諸家，格高韻遠，可上接香山，下開放翁者，其惟茶山乎？[9]

第四節 ▶ 婺源朱氏

　　南宋前期的江西詩壇，有一個非常值得注意的家族——婺源朱氏。這個家族中最有名的當數朱熹，他是理學的集大成者，他的思想學說影響了他之後長達七百年的封建統治。我們這裡要討論的是作為詩人的朱熹。朱熹是理學詩人的代表，他和他的叔祖朱弁、父親朱松、叔父朱槔在當時均享有詩名，並均有作品傳

7　趙庚夫《題茶山集》，陳起編《江湖後集》卷八，文淵閣《四庫全書》本。

8　方回：《瀛奎律髓》，卷一，陳簡齋《與大光同登封州小閣》批語。

9　翁方綱：《七言律詩鈔》卷首，乾隆四十七年復初齋刊本。

世。

一、朱弁、朱松、朱槔

朱弁（1085-1144），字少章，號觀如居士。婺源（今屬江西）人。建炎二年（1128）自願使金，以諸生補修武郎，借右武大夫、吉州團練使擢任通問副使，隨王倫赴金，被拘不屈，留十六年，至紹興十三年（1143）遇赦得歸。回國後，又遭秦檜嫉恨，僅得轉任奉議郎。翌年去世，年六十。其侄孫朱熹寫有《奉使直秘閣朱公行狀》，《宋史》即據此立傳。朱弁著述不少，留存下來的有詩四十餘首，元好問《中州集》收入三十八首；另有《風月堂詩話》二卷、《曲洧舊聞》十卷等。

朱弁留金時所作詩歌，內容多反映拘囚生活，抒寫了喪亂之情和故國之思，其盼歸之心見於夢中，溢於言表，感情真摯深沉，風格纏綿婉曲，頗能動人。如：

> 風煙節物眼中稀，三月人猶戀褚衣。結就客愁雲片段，喚回鄉夢雨霏微。小桃山下花初見，弱柳沙頭絮未飛。把酒送春無別語，羨君才到便成歸。（《送春》）
>
> 關河迢遞繞黃沙，慘慘陰風塞柳斜。花帶露寒無戲蝶，草連雲暗有藏鴉。詩窮莫寫愁如海，酒薄難將夢到家。絕域東風竟何事，只應催我鬢邊華。（《春陰》）
>
> 絕域年華久，衰顏淚點新。每逢寒食節，頻夢故鄉春。草綠唯供恨，花紅只笑人。南轅定何日？無地不風塵。（《寒食》）

詩意明朗，情感深摯，誠為肺腑之言。一些詩詞煉句甚見功力，如《送春》中的「結就客愁云片段，喚回鄉夢雨霏微」，《春陰》中的「詩窮莫寫愁如海，酒薄難將夢到家」等，頗得晚唐詩風味。當然，他也有學李商隱而又功夫不到之處，常顯斧鑿之痕、雕琢之弊。

朱松（1097-1143），字喬年，自號韋齋。婺源松岩里（今紫陽鎮）人。朱熹之父，儒林學者稱為「韋齋先生」。他幼有俊才，曾游於程門弟子羅從彥之門，問河洛之學，其理學思想對朱熹一生有深刻的影響。徽宗政和八年（1118）同上舍出身，授廸功郎，任建州政和縣尉。紹興四年（1134），因胡世將等推薦任秘書省正字。後歷校書郎、著作佐郎、史館校勘，預修《哲宗實錄》。因上疏極言和議不可之事觸怒秦檜，被出知饒州（今江西鄱陽縣）。朱松抗不赴任，自請賦閒，得主管台州（今浙江臨海）崇道觀。任滿後不久他就去世了。《四庫全書》錄入其《韋齋集》十二卷，其中詩六卷。

朱松詩「高遠而幽潔」，在當時「聲滿天下」（傅自得《序》）。從內容上看，主要有寫景詩、抒懷詩，有時也反映現實，抒寫其憂國恤民之情。

寫景詩如：

麗日疏煙破小春，雙峰秀色一番新。要銜天上金雞粟，莫問人間白眼人。（《次雪峰二小詩韻》）

陰陰葉底午蟬嘶，滿腹春風寄一枝。下有行人正愁絕，不知幽咽自緣飢。（《蟬》）

抒懷詩如：

　　空山冥冥雲霧窗，春風好夢欹殘釭。朝來果得故人信，
微凸而麼犀銙雙。貴人爭買百瓔珞，此心兒女久已降。坐觀
市井起攘袂，念之使我心紛龐。領君此意九鼎重，雖有筆力
安能扛。何時來施三昧手，慰我渴夢思長江。（《陳德瑞饋
新茶》）

反映現實的詩如：

　　歲豐農猶飢，歲惡何可說。哀哉半菽氓，罪歲同一舌。
年時旱塵漲，臘盡不見雪。青皇忽雨我，萬頃麥苗活。令尹
民父母，溝壑思手挈。祈年祓齋居，有酒不忍設。那知桃李
徑，狼藉香泥滑。芳意一如此，坐恐及鶗鴃。郊原佇開晴，
出勞南畝饁。秋成已在眼，一醉宇宙谷。更呼湔裙人，勸此
側帽客。和公《斜川》詩，磨石鑱歲月。（《春社齋禁連雨
不止賦呈夢得》）

　　朱松詩多平淡，雖然也有憂民之心，並憤慨不已，但沒能在
詩中強烈地表現出來，總是語淺意顯，動人不足，與陶淵明詩的
淡而味厚相差甚遠。
　　朱松亦作詞，一如其寫景小詩的清新恬淡。如《蝶戀花·醉
宿鄭氏閣》：

　　清曉方塘開一鏡。落絮飛花，肯向春風定。點破翠奩人未醒。餘寒猶倚芭蕉勁。擬托行雲醫酒病。簾卷閒愁，空占紅香徑。青鳥呼君君莫聽。日邊幽夢從來正。

　　朱槔（生卒年不詳），字逢年，約宋高宗紹興八年（1138）前後在世。因嘗夢為玉瀾堂之游，自號玉瀾。朱松之弟，生平已不可考，據尤袤《玉瀾集·後跋》介紹，朱槔「少有軼才，自負其長，不肯隨俗俯仰」，節厲氣高，糞土富貴，能坦然對待人生途中的「厄窮蹈踣」。

　　朱槔詩今存《玉瀾集》一卷，有詩八十餘首，以七絕、七律、七古為多。內容多抒思歸之情、隱逸閒適之情。相較於朱松詩，槔詩更有生氣，意境更為壯闊，正如尤袤所評的「凌厲高古，有建安七子之風」。如：

　　疢憂倦征行，金火方抵牾。宵分餉群僕，乘月問前路。小兒何自至，楫我陳洲渡。暗浪擊層崖，平沙起驚鷺。莽蒼川花開，冥蒙山氣聚。物情豈不嘉，悶滯非所遇。鈐語山林表，風期呼我住。尋幽本素志，觸熱詠嘉句。午枕得高深，復覺清景駐。誰云適所願，永乏濟世具。以茲一夢頃，可況百年遇。咄哉郭氏子，破甑尚欲顧。（《道中》）

　　漫即古邑埋蒿萊，五柳合抱何人栽。浯溪未作天寶頌，爽氣已壓南昌梅。蘇公鄧公先後到，一時玉立高嵬嵬。扁舟載酒渡江水，千山歔翠昏樓台。窪尊抔飲追太古，雲荒石老無紛埃。歸來玉署念赤壁，側身西望銀濤堆。英辭傑句相震

發，尚記野鳥窺空罍。只今卻數未百載，蟲篆想見留巖隈。中原羶腥雜夷夏，淮北城壘生苺苔。公平天與濟世具，曷不手引梟鸞開。空遺筆力配元祐，頓覺紙上千軍摧。禁中頗牧知在即，號令前日頒風雷。丹青元向大羽出，貂蟬要兜鍪來。數公文字雖勝絕，莫使變作《離騷》哀。（《用東坡武昌寒溪韻三篇》）

二、朱熹

朱熹（1130-1200），小名沈郎，小字季延，字符晦，一字仲晦，號晦庵，晚稱晦翁，又稱紫陽先生、考亭先生、滄州病叟、雲谷老人，因諡文，因此又被稱為朱文公。南宋理學家，理學的集大成者，被尊稱為朱子。朱熹父朱松，因反對秦檜妥協而出知饒州，未至而卒。此時朱熹十四歲，遵父遺命，師事劉子翬等人，隨母定居崇安（今福建武夷山市）五里夫。紹興十八年（1148），以建陽籍參加鄉試、貢試。榮登進士榜。歷仕高宗、孝宗、光宗、寧宗四朝，曾任知南康，提典江西刑獄公事、秘閣修撰等職。朱熹任知南康時，在廬山唐代李渤隱居舊址建立「白鹿洞書院」進行講學，並制定一整套學規。白鹿洞書院後來成為中國著名的四大書院之一，而其「學規」則成為各書院的楷模，對後世發生了巨大影響。朱熹後又由趙汝愚推薦升任煥章閣待制、侍講。慶元三年（1197），韓侂胄擅權，排斥趙汝愚，朱熹也被革職回家，慶元六年病逝。嘉定二年（1209）詔賜遺表恩澤，諡曰文，不久贈中大夫，特贈寶謨閣直學士。理宗寶慶三年（1227），贈太師，追封信國公，後改徽國公。

《宋史‧朱熹傳》有其詳細生平介紹：

　　朱熹字符晦，一字仲晦，徽州婺源人……中紹興十八年進士第……

　　時相湯思退方倡和議，除熹武學博士……既至而洪適為相，復主和，論不合，歸……

　　（淳熙）五年……史浩再相，除知南康軍……熹再辭，不許。至郡，興利除害……間詣郡學，引進士子與之講論。訪白鹿洞書院遺址，奏復其舊，為學規俾守之。明年夏……熹以疾請祠，不報。

　　陳俊卿以舊相守金陵，過闕入見，薦熹甚力……會浙東大飢，宰相王淮奏改熹提舉浙東常平茶鹽公事……凡丁錢和買役法榷酤之政，有不便於民者，悉釐而革之……

　　時鄭丙上疏詆程氏之學且以沮熹……（陳）賈面對，首論近日搢紳有所謂「道學」者，大率假名以濟偽，願考察其人，擯棄勿用，蓋指熹也……本部侍郎林栗劾熹……；「本無學術，徒竊張載、程頤緒餘，謂之『道學』，所至輒攜門生數十人，妄希孔、孟歷聘之風，邀索高價，不肯供職，其偽不可掩。」……熹再辭免，除直寶文閣，主管西京嵩山崇福宮……

　　光宗即位……差知潭州……申敕令，嚴武備，戢奸吏，抑豪民。所至興學校，明教化，四方學者畢至。

　　寧宗即位……除煥章閣待制，侍講……韓侂胄自謂有定策功，居中用事，熹憂其害政，數以為言……御批云，「憫

卿耆艾，恐難立講，已除卿宮觀。」

　　慶元二年沈繼祖……誣熹十罪，詔落職罷祠……四年，熹以年近七十，申乞致仕，五年，依所請。明年卒，年七十一……

　　熹登第五十年，仕於外者僅九考，立朝才四十日……自熹去國，侂冑勢益張……劉德秀……首論……偽學之罪……未幾……前日之偽黨，至此又變而為逆黨……嘉泰初，學禁稍弛，後侂冑死，詔賜熹遺表恩澤，諡曰文……黃榦曰：「道之正統待人而後傳，自周以來，任傳道之責者不過數人，而能使斯道章章較著者，一二人而止耳。由孔子而後，曾子、子思繼其微，至孟子而始著。由孟子而後，周、程，張子繼其絕，至熹而始著。」識者以為知言。[10]

　　朱熹的著作很多，且都保存了下來。其中對後世影響最大的是《四書章句集注》《楚辭集注》《韓文考異》《近思錄》（與呂祖謙合編）、《小學》《通鑑綱目》《名臣言行錄》等，其文學創作則有《晦庵先生文集》。

　　朱熹在中國歷史上是以理學而享有盛譽的。朱熹是程顥、程頤的三傳弟子李侗的學生，他承傳二程學說，確立了完整的客觀唯心主義體系。朱熹哲學的核心是理學，他認為宇宙本源乃在「天理」，屬客觀唯心主義體系。但他同時又指出「理」在物中，

10　脫脫等：《宋史》卷四二九。

為此，他又提出「格物致知」「正心誠意」等一系列道德觀、修養論。他說：

> 宇宙之間，一理而已。天得之而為天，地得之而為地，而凡生於天地之間者，又各得之以為性，其張之為三綱，其紀之為五常。[11]

> 未有天地之先，畢竟也只是理。有此理，便有此天地；若無此理，便亦無天地，無人無物，都無該載了。[12]
> 人之一心，天理存，則人欲勝，人欲存，則天理滅。[13]

作為文學家的朱熹，在文學上也持有獨特的看法。一般來說，理學家在文學觀上不但重道輕文，而且因道廢文，扼殺詩文的感情，僅僅將文作為「載道」的工具。如：

> 文所以載道也……文辭，藝也，道德，實也……不知務道德而第以文辭為能者，藝焉而已。[14]

11　朱熹：《讀大紀》，《朱文公全集》卷七十，《四部備要》本。

12　朱熹著，黎靖德編：《朱子語類》，中華書局，1986 年版，第 1 頁。

13　《朱子語類》，第 224 頁。

14　周敦頤：《通書·文辭》，見《濂洛關閩書》卷一，商務印書館，民國三十六年版。

問：「作文害道否？」曰：「害也……《書》云，『玩物喪志』，為文亦玩物也……某素不作詩，亦非是禁止不作，但不欲為此閒言語。且如今言能詩無如杜甫，如云：「穿花蛺蝶深深見，點水蜻蜓款款飛」，如此閒言語，道出做甚？[15]

　　朱熹的文學主張依然沒有超出理學家重道輕文、道本文末、以文害道的體系，他也認為：

　　道者，文之根本；文者，道之枝葉。惟其根本乎道，所以發之於文，皆道也。三代聖賢文章皆從此心寫出，文便是道。今東坡之言曰：「吾所謂文，必與道俱」，則是文自文而道自道。待作文時，旋去討個道來入放裡面，此是它大病處……緣他都是因作文卻漸漸地說上道理來，不是先理會得道理了方作文，所以大本都差。[16]

　　學者始則以其文而悅之，以苟一朝之利，及其既久，則漸涵入骨髓，不復能自解免，其壞人材，敗風俗，蓋不少矣。[17]

　　這文皆是從道中流出，豈有文反能貫道之理。文是文，

15　程顥、程頤：《二程遺書‧伊川先生語四》卷十八，上海古籍出版社，2008 年版。

16　《朱子語類》，第 3319 頁。

17　周敦頤：《答呂伯恭》，《朱文公文集》卷三十三。

道是道，文只如吃飯時下飯耳。若以文貫道，卻是把本為末。以末為本，可乎？[18]

但是，朱熹雖然重道，卻也不得不承認「道」需要「文」來承載，因此，在文道觀上，他有時也持有一些中庸調合的態度，給「文」在「道」的夾縫中留下了一席生存之所。如：

然古之聖人，欲明是道於天下而垂之萬世，則其精微曲折之際，非托於文字亦不能以自傳也。[19]

作詩間以數句適懷亦不妨，但不用多作，蓋便是陷溺爾。當其不應事時，平淡自攝，豈不勝如思量詩句？至其真味發溢，又卻與尋常好吟者不同。[20]

既有言矣，則言之所不能盡，而發於咨嗟詠嘆之餘者，必有自然之音響節族（音奏），而不能已焉。[21]

間隙之時，感事觸物，又有不能無言者，則亦未免以詩發之。[22]

正是給予了「文」的這一席生存之所，使得朱熹在文學觀上

18　《朱子語類》，第 3305 頁。

19　《徽州婺源縣學藏書閣記》，《朱文公文集》卷七十八。

20　《朱子語類》，第 3333 頁。

21　《詩集傳序》，《朱文公文集》卷七十六。

22　《東歸亂稿序》，《朱文公文集》卷七十五。

有不少精到之見。

首先，在創作論上，朱熹強調作家人品的修養及感情的作用。其云：

此五君子（諸葛亮、杜甫、顏真卿，韓愈、范仲淹）其
所遭不同，所立亦異，然求其心，則皆所謂光明正大、疏暢
洞達、磊磊落落而不可掩者也。其見於功業文章，下至字畫
之微，蓋可以望之而得其為人。[23]

不是胸中飽丘壑，誰能筆下吐雲煙？[24]

既有可怨之事，亦須還他有怨底意思，終不成只如平
時，卻與土木相似……喜怒哀樂，但發之不過其則耳，亦豈
可無？聖賢處憂患，只要不失其正。[25]

詩曲盡人情。方其盛時，則作之於上，《東山》是也，
及其衰世，則作之於下，《伯兮》是也。[26]

其次，在對待前人的文學遺產上，朱熹反對模擬，提倡創
新：

揚子雲、班孟堅只填得他（指司馬相如）腔子，如何得

23　《王梅溪文集序》，《朱文公文集》卷七十五。
24　《奉題李彥中所藏俞侯墨戲》，《朱文公文集》卷九。
25　《朱子語類》，第 2103-2104 頁。
26　《朱子語類》，第 2114 頁。

似他自在流出？[27]

　　文字奇而穩方好。[28]

　　第三，在風格論、方法論上，朱熹特別提倡自然平淡。他認為：

　　　　夫古人之詩，本豈有意於平淡哉？但對令人狂怪雕鎪、神頭鬼面，則見其平，對今之肥膩腥臊、酸鹹苦澀，則見其淡耳。[29]

　　　　然須還他新巧，然後造於平淡。[30]

　　　　平易自在說出來底便好，說出來崎嶇底便不好。[31]

　　　　聖人之言，坦易明白。[32]

　　　　詩須是平易不費力，句法混成。[33]

　　最後，作為理學家，他特別強調「溫柔敦厚」的風格，這也是理學家文論的重要特點。朱熹認為：

27　《朱子語類》，第 3300 頁。
28　《朱子語類》，第 3321 頁。
29　《答鞏仲至》，《朱文公文集》卷六十四。
30　《朱子語類》，第 145 頁。
31　《朱子語類》，第 158 頁。
32　《朱子語類》，第 3318 頁。
33　《朱子語類》，第 3328 頁。

夫溫柔敦厚，寬大平夷。固詩之教。[34]

使篇篇皆是譏刺人，安得溫柔敦厚？[35]

詩本人情，該物理，可以驗風俗之盛衰，見政治之得失，其言溫厚和平，長於諷諭。[36]

政使暮年窮到骨，不教吟出斷腸聲。(《寄江文卿劉叔通》)

一般來說，理學家的詩歌主要是說理之作，大部分作品無什麼文學價值可言，劉克莊在《吳恕齋詩稿跋》中即稱之為「語錄講義之押韻者」。但論評家們對朱熹的詩歌創作卻「網開一面」，評價甚高，這當然得益於朱熹在文道關係上對「文」的「手下留情」。評論如：

道學宗師於書無所不通，於文無所不能，詩其餘事。而高古清勁，盡掃餘子，又有一朱文公。[37]

南宋陸放翁堪與香山踵武，益開淺直路徑，其才氣固自沛乎有餘。人以范石湖配之，不知石湖較放翁，則更滑薄少味。同時求偶對，惟紫陽朱子可以當之。蓋紫陽雅正明潔，

34　《答廖子晦》，《朱文公文集》卷四十五。

35　《朱子語類》，第 2065 頁。

36　《論語集注》卷七。

37　方回：《送羅壽可詩序》，《桐江續集》卷三十二，文淵閣《四庫全書》本。

斷推南宋一大家。**38**

　　作為理學詩人，朱熹的詩歌創作當然以說理詩居多，如其《訓蒙詩》一百首，就是向初學者闡明理學義理的，又如《致知》：

　　　　此心元自有知存，氣蔽其明物又昏。漸漸剔開昏與蔽，一時通透理窮深。

　　這是純說理的詩，從內容上看，正是劉克莊說的「語錄講義之押韻者」。但朱熹更為人稱道的是那些形象生動、深刻警策的說理詩，即陳衍《宋詩精華錄》所稱的「寓物說理而不腐」，如：

　　　　半畝方塘一鑑開，天光雲影共徘徊。問渠那得清如許？為有源頭活水來。（《觀書有感二首》之一）
　　　　昨夜江邊春水生，艨艟巨艦一毛輕。向來枉費推移力，此日中流自在行。（《觀書有感二首》之二）
　　　　昨夜扁舟雨一蓑，滿江風浪夜如何？今朝試捲孤篷看，依舊青山綠樹多。（《水口行舟二首》之一）
　　　　勝日尋芳泗水濱，無邊光景一時新。等閒識得東風面，

38 李重華：《貞一齋詩說》，見《陸游資料匯編》，第316頁。

萬紫千紅總是春。(《春日》)

這類詩作將本來抽象、深奧的學理表達得如此生動形象、富有新意，確非易事，這充分展示了朱熹在理學、詩學兩方面的深刻體悟與認識。

朱熹還創作有一些述懷詩與寫景詩。其述懷詩多抒寫其幽居獨處的悲苦情懷，讀來真切感人。如：

經濟夙所尚，隱淪非素期。幾年霜露感，白髮忽已垂。鑿井北山址，耕田南澗湄。乾坤極浩蕩，歲晚將何之？(《感懷》)

聞說淮南路，煙塵滿眼黃。棄軀慚國士，嘗膽念君王。卻敵非干櫓，信威藉紀綱。丹心危欲折，佇立但彷徨。(《感事》)

朱熹的寫景詩情景交融，風格清麗，別有風味，往往使人忘卻他的理學家身份。如：

青鞋布襪踏瓊瑤，十里晴林未覺遙。忽復空枝墮殘雪，恍疑鳴璆落叢霄。《林間殘雪時落鏗然有聲》

溪上寒梅應已開，故人不寄一枝來。天涯豈是無芳物，為爾無心向酒杯。(《梅花兩絕句》之一)

總之，由於朱熹在文學觀上對理學文論的突破，雖然於詩不

甚用力，但其詩歌成就亦不低，好詩不少，為宋詩領域增添理學詩這一門類，其貢獻是不容忽略的。

第五節 ▶ 周必大

一、生平

　　周必大（1126-1204），字子充，一字洪道，號省齋居士，晚號平園老叟，盧陵（今江西吉安）人。紹興二十一年（1151）進士及第，隨後又中博學宏詞科，從此開始了他漫長的官宦生涯。他大部分時間在京供職，歷任參知政事、樞密使等。淳熙十四年（1187）二月為右丞相，後任左丞相，最終以少傅致仕還鄉，封益國公。退休後的周必大又致力於圖書勘刻事業，曾校刻《歐陽文忠公全集》《文苑英華》等書，並用畢昇發明的泥活字印刷了他自己的著作《玉堂雜記》。這是迄今為止第一部有明確史料記載的泥活字印刷的書籍。周必大著有《益國周文忠公全集》二百卷，其中包括《省齋文稿》《平園續稿》《省齋別稿》《二老堂詩話》等二十四種。

二、詩歌創作

　　周必大詩作今存六百多首。他的詩歌初學黃庭堅，後由白居易溯源杜甫。周必大作詩工於狀物，比喻新穎，風格清新閒雅。如：

地占齊山最上頭，州城宛在水中洲。蜿蜒正作長虹墮，吸住江河萬里流。（《池陽四詠·翠微亭》）

十日頑陰不見山，山中一夜雪封庵。伊予的有尋山分，日照北山雲在南。（《游廬山佛手岩雪霽望南山》）

周必大詩作中尤其令人感奮的是那些充溢著豪邁的愛國主義激情的詩歌。被稱為「太平宰相」的周必大，在執掌國家大政時，一直念念不忘的是國家民族的安危。他敢於秉公直言，為人剛直，據《宋史》記載：

上日御球場，必大曰：「固知陛下不忘閱武，然太祖二百年天下，屬在聖躬，願自愛。」上改容曰：「卿言甚忠，得非虞衡槩之變乎？正以讎恥未雪，不欲自逸爾。」升兼侍讀，改吏部侍郎，除翰林學士。[39]

特別是面對時時窺伺南宋江山的金人，他往往力排眾議，保持了高尚的民族氣節，《宋史》評曰：

高宗升遐，議用顯仁例，遣三使詣金。必大謂：「今昔事殊，不當畏敵曲徇。」止之。賀正使至，或請權易淡黃袍

39　脫脫等：《宋史》卷三九一。

御殿受書，必大執不可，遂為縞素服，就帷幄引見。[40]

這充分表現了周必大作為一位成熟的政治家在外交上不卑不亢的凜然正氣，他的這種民族正氣在他的詩歌中有諸多體現，如：

> 章華蕪沒岳陽城，風月還從此地分。目極洪流江接漢，胸吞大澤夢連雲。年豐棲畝糧盈野，士飽騰槽馬軼群。收取關河報明主，雲台煙閣佇奇勳。（《寄題張元善總領新作楚觀》）

詩作表現了周必大以天下為己任，盼望雪洗靖康之恥、收復失地的雄心大志。周必大與上書請斬秦檜的志士胡銓特別同氣相求，兩人唱和之作頗多，均以抗金復國、拯救民生相慰勉。如：

> 金華絕出氣凌霞，不愧君王坐賜茶。商嶺剪來思舊樣，洛泉煎處嘆新芽。詩評未怕人生瘦，鹽濟惟防賊破家。剩欲蒼生蘇息否，剛嚴須是相王嘉。（《邦衡再和再次韻》）
>
> 右相虛來三見春，都人日夜望平津。驊騮開路雲霄逼，霖雨思賢鼎鼐新。赤縣尚多淪異域，潢池猶自擾齊人。公如不為蒼生起，風俗何由使再醇。（《次胡邦衡韻》）

　40　脫脫等：《宋史》卷三九一。

第六節 ▶ 楊萬里

　　楊萬里（1127-1206），字廷秀，號誠齋。吉州吉水（今江西吉水縣）人。紹興二十四年（1154）進士及第，授贛州司戶，後調任永州零陵縣丞，得見謫居在永州的張浚，多受其勉勵與教誨。孝宗即位後，張浚入相，即薦楊萬里為臨安府教授。未及赴任，即遭父喪，服滿後改知奉新縣。乾道六年（1170）任國子博士，始為京官，不久遷太常丞，轉將作少監。淳熙元年（1174）出知漳州，不久改知常州。六年，提舉廣東常平茶鹽，後升為廣東提點刑獄。不久，召還為吏部員外郎，升郎中。十三年，任樞密院檢詳官兼太子侍讀。十四年，遷秘書少監。高宗崩，萬里因力爭張浚當配享廟祀事，觸怒孝宗，出知筠州（今江西高安）。光宗即位後，召為秘書監。紹熙元年（1190），為接伴金國賀正旦使兼實錄院檢討官。後出為江東轉運副使，又改知贛州。楊萬里未任，乞祠官而歸。開禧二年（1206），在憂憤中離世。諡文節。關於楊萬里的生平，《宋史·楊萬里傳》有詳細記載：

　　　楊萬里，字廷秀，吉州吉水人。中紹興二十四年進士……（張）浚入相，薦之朝……陳俊卿、虞允文為相，交薦之，召為國子博士……遷太常博士，尋升丞，兼吏部右侍郎官，轉將作少監，出知漳州，改常州，尋提舉廣東常平茶鹽……王淮為相，一日，問曰：「宰相先務者何事？」曰：「人才。」又問：「孰為才？」即疏朱熹、袁樞以下六十人以獻，淮次第擢用之……高宗未葬，翰林學士洪邁，不俟集

議配享，獨以呂頤浩等姓名上，萬里上疏詆之，力言張浚當預，且謂邁無異指鹿為馬。孝宗覽疏不悅，曰：「萬里以朕為何如主？」由是以直秘閣出知筠州。光宗即位，召為秘書監……紹熙元年，借煥章閣學士為接伴金國賀正旦使，兼實錄院檢討官……乞祠，除秘閣修撰，提舉萬壽宮，自是不復出矣。寧宗嗣位……升煥章閣待制，提舉興國宮……明年（開禧二年）升寶謨閣學士，卒，年八十三，贈光祿大夫。

萬里為人剛而褊。孝宗始愛其才，以問周必大，必大無善語，由此不見用。韓侂冑用事，欲網羅四方知名士相羽翼，嘗築南園，屬萬里為之記，許以掖垣。萬里曰：「官可棄，記不可作也！」侂冑恚，改命他人。臥家十五年，皆其柄國之日也。侂冑專僭日益甚，萬里憂憤，怏怏成疾。家人知其憂國也，凡邸吏之報時政者，皆不以告。忽族子自外至，遽言侂冑用兵事，萬里慟哭失聲，亟呼紙書曰：「韓侂冑奸臣，專權無上，動兵殘民，謀危社稷。吾頭顱如許，報國無路，惟有孤憤！」又書十四言別妻子，筆落而逝。

萬里精於詩，嘗著《易傳》行於世。光宗嘗為書「誠齋」二字，學者稱誠齋先生，賜諡文節。[41]

楊萬里為南宋中期「中興四大詩人」之一。關於「中興四大詩人」，曾有不同說法。尤袤稱「中興四大詩人」為范成大、楊

41　脫脫等：《宋史》卷四三三。

萬里、蕭德藻和陸游；楊萬里稱「中興四大詩人」為尤袤、蕭德
藻、范成大、陸游；元代後則逐漸固定為尤、楊、范、陸四人。
相關說法如：

> 近代風騷四詩將。原注：四人：范石湖、尤梁溪、蕭千
> 岩，陸放翁。（楊萬里《謝張功父送近詩集》）

> 蕭千岩機杼與誠齋同，但才慳於誠齋，而思加苦，亦一
> 生屯塞之驗。同時獨誠齋獎重，以配范石湖、尤遂初、陸放
> 翁。[42]

> 宋中興以來，言治必曰乾淳，言詩必曰尤、楊、范、
> 陸。其先或曰尤、蕭，然千岩早世不顯，詩刻留湘中，傳者
> 少，尤、楊、范、陸特擅名天下。[43]

> 南宋初詩人，推尤梁溪、蕭千岩、范石湖、陸渭南四
> 家……蕭集世不傳……後人乃以誠齋易之，稱尤、楊、范、
> 陸，而蕭千岩姓名，世或有不知者矣……按蕭名德藻，字東
> 夫……姜白石之婦翁也。[44]

　　楊萬里的創作道路是曲折的，經過了由廣學博取、轉益多
師，最後面向現實、師法自然的過程。他早年學詩從江西詩派入

---

42 劉克莊：《後村詩話》前集卷二，適園叢書本。

43 方回：《跋遂初尤先生尚書詩》，《桐江集》卷三，商務印書館影印宛
　　委別藏本。

44 查慎行：《得樹樓雜鈔》卷六，見《升庵合集》，清光緒八年刊本。

第三編・宋元江西詩詞（下）

359

手，後於紹興三十二年（1162）在零陵自焚其少作千餘首，決心跳出江西詩派的窠臼；後又學陳師道五律；又改而學習王安石和晚唐詩人的絕句，最後終於領悟到應該擺脫前人的藩籬而自成一家，從而形成了獨具特色的「誠齋體」。他在《誠齋荊溪集序》中說到這一曲折的歷程：

> 予之詩，始學江西諸君子，既又學後山五字律，既又學半山老人七字絕句，晚乃學絕句於唐人。學之愈力，作之愈寡……故自淳熙丁酉之春，上墜壬午，止有詩五百八十二首，其寡蓋如此……戊戌三朝，時節賜告，少公事，是日即作詩，忽若有寤，於是辭謝唐人及王、陳、江西諸君子，皆不敢學，而後欣如也。試令兒輩操筆，予口占數首，則瀏瀏焉無復前日之軋軋矣，自此，每過午，吏散庭空，即攜一便面，步後園，登古城，採擷杞菊，攀翻花竹，萬象畢來獻予詩材，蓋麾之不去，前者未讎，而後者已迫，渙然未覺作詩之難也。[45]

楊萬里的詩學理論與創作道路相關聯，分為三方面：

（1）發展江西詩論。楊萬里自稱在創作上脫卻江西詩派樊籬，事實上，他對江西詩派的精華，如從有法到無法，講究奪胎換骨、點鐵成金的理論是極為嘆服的，並將其吸收進自己的理論

45　楊萬里：《誠齋集》卷八十，《四部叢刊》本。

中。如：

> 詩家用古人語，而不用其意，最為妙法。[46]
>
> 學詩者，於李杜蘇黃詩中，求此等類，誦讀沉酣，深得其意味，則落筆自絕矣。[47]
>
> 初學詩者，須學古人好語，或兩字，或三字。[48]
>
> 詩有實字，而善同之者以實為虛⋯⋯有用法家吏文語為詩句者，所謂以俗為雅。[49]
>
> 詩固有以俗為雅，然亦須經前輩取熔，乃可因承爾。[50]

對此，其鄉人周必大也有很清楚的認識，其《跋楊廷秀石人峰長篇》云：

> 今時士子見誠齋大篇短章，七步而成，一字不改，皆掃千軍、倒三峽，穿天心、透月脅之語，至於狀物姿態，寫人情意，則鋪敘纖悉，曲盡其妙，遂謂天生辯才，得大自在，是固然矣。抑未知公由志學至從心，上規虞載之歌，刻意風雅頌之什，下逮《左氏》《莊》《騷》、秦、漢、魏、晉、南

---

46 楊萬里：《誠齋詩話》，《歷代詩話續編》，第 141 頁。
47 楊萬里：《誠齋詩話》，《歷代詩話續編》，第 139 頁。
48 楊萬里：《誠齋詩話》，《歷代詩話續編》，第 140 頁。
49 楊萬里：《誠齋詩話》，《歷代詩話續編》，第 148 頁。
50 楊萬里：《答盧誼伯書》，《誠齋集》卷六十六。

北朝、隋、唐以及本朝，凡名人傑作，無不推求其詞源，擇用其句法。五六十年之間，歲鍛月煉，朝思夕維，然後大悟大徹，筆端有口，句中有眼，夫豈一日之功哉！[51]

（2）推崇晚唐及半山風味。楊萬里與江西詩派諸人所不同的是，他大力提倡晚唐詩風，追求「晚唐異味」。楊萬里作詩從江西詩派入手，因此也發現江西派詩歌越來越多的流弊，在不滿中脫出江西詩派，轉向與江西派詩歌審美趣味迥然不同的晚唐詩風及類於晚唐詩風的王安石「半山風味」，大力提倡「去詞」「去意」，追求「味外之味」。他認為：

晚唐諸子雖乏二子（指李白、杜甫）之雄渾，然好色而不淫，怨誹而不亂，猶有《國風》《小雅》之遺音。[52]

笠澤（陸龜蒙）詩名千載香，一回一讀斷人腸。晚唐異味同誰賞，近日詩人輕晚唐。[53]

至於茶也，人病其苦也，然苦未既而不勝其甘……三百篇之後，此味絕矣，惟晚唐諸子差近之。[54]

受業初參且半山，終須投換晚唐間。《國風》此去無多

51　周必大：《周益國文忠公集·平園續稿》卷九，文淵閣《四庫全書》本。

52　楊萬里：《周子益訓蒙省題詩序》，《誠齋集》卷八十三。

53　楊萬里：《讀笠澤叢書》，《誠齋集》卷二十七。

54　楊萬里：《顧庵詩集序》，《誠齋集》卷七十八。

子，關撥挑來只等閒。[55]

五七字絕句最少，而最難工，雖作者亦難得四句全好者，晚唐人與介甫最工於此。[56]

對於楊萬里的崇唐，後人評道：

「半山便遣能參透，猶有唐人是一關」，誠齋楊廷秀詩也。一關殆言一膜之隔，未盡透徹者。又有《送彭元忠詩》：「學者初學陳後山，霜皮晚盡山谷寒。近來別具一隻眼，要踏唐人最上關。」此殆楊廷秀學詩法，故數以為喻。[57]

自作《江湖集》序曰：「予少作有詩千餘篇，至紹興壬午，皆焚之。」大概江西體也。今所存曰《江湖集》者，蓋學後山及半山及唐人者也。[58]

《讀唐人及半山詩》云：「半山便遣能參透，猶有唐人是一關。」此與嚴滄浪論半山之語相合，豈滄浪用此耶！然誠齋之參透半山，殊似隔壁聽耳，又不知所謂唐人一關在何處也。翁方綱：《石洲詩話》卷四，粵雅堂叢書本。

（3）創新求活，獨師自然。楊萬里幾經波折地學詩，最終

55　楊萬里：《答徐子材談絕句》，《誠齋集》卷三十五。
56　楊萬里：《誠齋詩話》，《歷代詩話續編》，第141頁。
57　葉寘：《愛日齋叢鈔》卷三，守山閣叢書本。
58　陳振孫：《直齋書錄解題》卷十八，清武英殿聚珍叢書本。

悟出作詩不應只是師法前人，於是自築詩壇，倡導直接師法自然，其詩學理論因此呈現出創新求活、講究含蓄韻味的精神。其云：

問儂佳句如何法？無法無盂也沒衣。（《酬閣皂山碧崖道士甘叔懷》）

傳派傳宗我替羞，作家各自一風流。黃陳籬下休安腳，陶謝行前更出頭。（《跋徐恭仲省干近詩》之三）

筆下何知有前輩，醉中未肯赦空瓶。（《迓使客夜歸》）

城裡哦詩枉斷髭，山中物物是詩題。（《寒食雨中同舍約游天竺》）

閉門覓句非詩法，只是征行自有詩。（《下橫山灘頭望金華山》）

學詩須透脫，信手自孤高。（《和李天麟二首》之一）

不是胸中別，何緣句子新？（《蜀士甘彥和寓張魏公門館，用予見張欽夫詩韻作二詩見贈，和以謝之》）

詩家不愁吟不徹，只愁天地無風月。（《雲龍歌調陸務觀》）

今代詩人後陸云，天將詩本借詩人。（《跋陸務觀劍南詩稿二首》之一）

春花秋月冬冰雪，不聽陳言只聽天。（《讀張文潛詩》）

千峰為我旋生妍，我為千峰一哂然。（《晨炊白升山》）

蓋嘗觀乎列御寇、楚靈均之所以行天下者乎？……彼其於舟車，且烏乎待哉？……（靈均）蓋有待乎舟車而未始有

待乎舟車者也。今夫四家者流，蘇似李，黃似杜。蘇李之詩，子列子之御風也，杜黃之詩，靈均之乘桂舟駕玉車也。無待者，神於詩者歟？有待而未嘗有待者，聖於詩者歟？[59]

　　夫詩何為者也？尚其詞而已矣，曰：「善詩者去詞。然則尚其意而已矣。曰：善詩者去意。然則去詞去意，則詩安在乎？曰：去詞去意，而詩有在矣。然則詩果焉在？曰：嘗食夫飴與荼乎？人孰不飴之嗜也？初而甘，卒而酸。至於荼也，人病其苦也，然苦未既，而不勝其甘。詩亦如是而已矣。[60]

對於楊萬里的「師法自然」理論，後人評道：

　　楊誠齋曰：「從來天分低拙之人，好談格調，而不解風趣。何也？格調是空架子，有腔口易描，風趣專寫性靈，非天才不辦。」余深愛其言。[61]

　　誠齋嘗言「古人之詩，天也，今人之詩，人焉而已」。此二語包孕千古，不似講翻案法者。[62]

此外，楊萬里也很注重傳統的詩歌美刺比興作用，其《詩

59　楊萬里：《江西宗派詩序》，《誠齋集》卷七十九。

60　楊萬里：《頤庵詩稿序》，《誠齋集》卷八十三。

61　袁枚：《隨園詩話》卷一，人民文學出版社，1960 年版。

62　潘德輿：《養一齋詩話》卷一，清道光二十九年刊本。

論》云：

> 《詩》也者，矯天下之具也……《詩》果寬乎？聳乎其
> 必譏，而斷乎其必不恕也。《詩》果不嚴乎？……詩人之
> 言，至發其君宮闈不修之隱匿，而亦不捨匹夫匹婦「復
> 關」、《溱洧》之過，歌詠文武之遺風餘澤，而嘆息東周列
> 國之亂。哀窮屈，而憎貪讒。**63**

　　楊萬里一生寫作極為勤奮，相傳有詩二萬餘首，今存由其長
子楊長孺編定的《誠齋集》，有詩文一三三卷，存詩四二〇〇餘
首，在題材內容與藝術形式上頗具特色。
　　楊萬里詩作，大部分是描寫山川風光、自然景色的寫景抒情
之作和應酬之作。如：

> 　　故園今日海棠開，夢入江西錦繡堆。萬物皆春人獨老，
> 一年過社燕方回。似青如白天濃淡，欲墮還飛絮往來。無那
> 風光餐不得，遣詩招入翠瓊杯。（《春晴懷故園海棠》）
> 　　晚風不許鑑清漪，卻許重簾到地垂。平野無山遮落日，
> 西窗紅到月來時。（《晚風》）
> 　　石橋兩畔好人煙，匹似諸村別一川。楊柳陰中新酒店，
> 葡萄架底小漁船。紅紅白白花臨水，碧碧黃黃麥際天。正爾

63　楊萬里：《誠齋集》卷八十五。

清和還在道，為誰辛苦不歸田？（《過楊村》）

君居東浙我江西，鏡裡新添幾縷絲。花落六回疏信息，月明千里兩相思。不應李杜翻鯨海，更羨夔龍集鳳池。道是樊川輕薄殺，猶將萬戶比千詩。（《寄陸務觀》）

畢竟西湖六月中，風光不與四時同。接天蓮葉無窮碧，映日荷花別樣紅。（《曉出淨慈送林子方》）

楊萬里是一位理學家，《宋史》把他列入《儒林傳》中，但他並不像一般理學家那樣將詩歌作為圖解理學思想的工具，而是吸取其理學精華，以哲學家的眼光來觀照自然物象，使平凡的自然風物和日常生活既富於生活氣息，又充滿理趣。如：

莫言下嶺便無難，賺得行人錯喜歡。正入萬山圈子裡，一山放出一山攔。（《過松源晨炊漆公店》）

初疑夜雨忽朝晴，乃是山泉終夜鳴。流到溪前無半語，在山做得許多聲。（《宿靈鷲禪寺》）

霽天欲曉未明間，滿目奇峰總可觀。卻有一峰忽然長，方知不動是真山。（《晚行望雲山》）

野菊荒苔各鑄錢，金黃銅綠兩爭妍。天公支予窮書客，只買清愁不買田。（《戲筆》）

四首詩所詠寫的都是日常生活中平常的景物和普通的人生經歷，但經楊萬里一表達卻給人以新鮮的感受。這除了因為詩作語言的活潑和聯想的豐富外，更重要的是詩人對自然和人生持有的

獨特體驗和感悟。

　　楊萬里還是一位愛國志士，他一生關心國家命運，留下了不少抒寫愛國憂時、表現民生的詩篇。特別是他擔任金國賀正旦使的接伴使時，因為往來江、淮之間，迎送金使，他親眼看到淪喪於金國的宋朝大好河山和淪陷區的中原父老，心中有無限感慨，寫下了不少愛國的詩篇。如：

　　　　船離洪澤岸頭沙，人到淮河意不佳。何必桑乾方是遠，中流以北即天涯。（《初入淮河四絕句》其一）

　　　　兩岸舟船各背馳，波痕交涉亦難為。只餘鷗鷺無拘管，北去南來自在飛。（《初入淮河四絕句》其三）

　　　　手麾日三舍，身馭月重輪。始是峨岷秀，前無社稷臣。向來元破斧，何用更洪鈞。只使江淮草，明年不作春。（《故少師張魏公挽詞三章》之二）。

　　　　焦山東，金山西，金山排霄南斗齊。天將三江五湖水，並作一江字揚子。來從九天上，瀉入九地底。遇岳岳立摧，逢石石立碎。乾坤氣力聚此江，一波打來誰敢當。金山一何強，上流獨立江中央。一塵不隨海氣舞，一礫不隨海潮去。四旁無蔕下無根，浮空躍出江心住。金宮銀闕起峰頭，槌鼓撞鐘聞九州。詩人踏雪來清游，天風吹儂上瓊樓。不為浮生飲玉舟，大江端的替人羞，金山端的替人愁。（《雪霽曉登金山》）

楊萬里這類詩作或寄托家國之思，或呼籲抗戰復國，或歌頌

抗金將領，或諷刺賣國權奸，都是其愛國忠憤之情不得不發的結果。

其關心民生的詩作如：

　　大熟乃教得大晴，今年又是一升平。升平不在簫韶裡，只在諸村打稻聲。（《至後入城道中雜興十首》之二）

　　問渠田父定無飢，卻道官人那得知。未送太倉新玉粒，敢先云子滑流匙？（《至後入城道中雜興十首》之三）

　　井字行都整，花香遠已甜。穗肥黃俯首，芒勁紫掀髯。風攪平雲陣，聲松缺月鐮。不愁禾把減，高廩卻愁添。（《觀稼》）

　　楊萬里的這些愛國憂時、表現民生的詩篇，不像陸游詩那樣奔放、直露，而是將胸中萬千思緒加上理智的閘門，層層展示，欲縱還收，表現得深沉憤鬱、含蓄不露，頗類杜甫的抑揚頓挫。

　　楊萬里詩歌的藝術特色，人們一般用「活法為詩」來概括。「活法」是呂本中、曾幾等人受禪宗影響提出的詩歌理論主張，但在創作上取得巨大成就的則是楊萬里，他才是「活法為詩」的典型。這可以說是大多數詩論家的共識：

　　造化精神無盡期，跳騰踔厲即時追。目前言句知多少，

罕有先生活法詩。[64]

　　誠齋萬事悟活法。[65]

　　誠齋出，真得所謂活法，所謂流轉圜美如彈丸者，恨紫微公（呂本中）不及見耳。[66]

　　年年花月無閒日，處處山川怕見君。箭在的中非爾力，風行水上自成文。[67]

　　我雖未見誠齋面，道得誠齋句裡心。醉語夢書辭總巧，生擒括捉力都任。雄吞詩界前無古，新創文機獨有今。[68]

　　參禪學詩無兩法，死蛇解弄活潑潑。氣正心空眼自高，吹毛不動全生殺。生機熟語卻不排，近代獨有楊誠齋。[69]

　　文章一技，要自有活法，若膠古人之陳跡而不能點化其句語，此乃謂之死法……呂居仁嘗序江西宗派詩，若言靈均自得之，忽然有入，然後惟意所出，萬變不窮，是名活法。楊萬里又從而序之，若曰學者屬文，當悟活法。[70]

---

64 張鎡：《攜楊秘監詩一編登舟因成二絕》，《南湖集》卷七，知不足齋叢書本。

65 周必大：《次韻楊廷秀待制寄題朱氏渙然書院》，《平園續稿》卷一，清道光二十八年刊本。

66 劉克莊：《江西詩派小序・總序》，《歷代詩話續編》，第 486 頁。

67 姜夔：《送朝天續集歸誠齋時在金陵》，《白石道人詩集》卷下，《四部叢刊》本。

68 項安世：《題劉都監所藏楊秘監詩卷》，《平安悔稿》卷五，清鈔本。

69 葛天民：《寄楊誠齋》，《葛無懷小集》，汲古閣影鈔南宋六十家集本。

70 俞成：《螢雪叢說》，《古典文學研究資料匯編・黃庭堅和江西詩派卷》，第 449 頁。

李屏山……晚甚愛楊萬里詩，曰：活潑剌底人難及也。[71]

　　楊萬里的「活法為詩」主要表現在以下幾個方面：

　　其一，善於捕捉生活中瞬間的景物、動作、心情及感受，發現人們易於忽略的一些富於生活情趣與美感的景象。

　　在楊萬里詩中，很多題目一看就饒有興味，如《郡圃小梅一枝先開》《小池》《暮熱游荷池上》《水中山花影》《檄風伯》《夏夜玩月》《觀蟻》《食雞頭》《食蓮子》等。其他具體詩作如：

　　碧酒時傾一兩杯，船門才閉又還開。好山萬皺無人見，都被斜陽拈出來。（《舟過謝潭》）

　　坐看西日落湖濱，不是山銜不是雲。寸寸低來忽全沒，分明入水只無痕。（《湖天暮景》）

　　籬落疏疏一徑深，樹頭新綠未成陰。兒童急走追黃蝶，飛入菜花無處尋。（《宿新市徐公店》）

　　泉眼無聲惜細流，樹陰照水弄輕柔。小荷才露尖尖角，早有蜻蜓立上頭。（《小池》）

　　梅子留酸軟齒牙，芭蕉分綠與窗紗。日長睡起無情思，閒看兒童捉柳花。（《閒居初夏午睡起二絕句》之一）

71　劉祁：《歸潛志》卷八，知不足齋叢書本。

對於這類詩，評論家們頗感興趣，論評不少，如：

詩家謂誠齋多失之好奇，傷正氣，若「梅子留酸軟齒牙（以下略）」極有思致，誠齋亦自語人曰：「工夫只在一捉字上。」[72]

誠齋楊氏乃有「日長睡起無情思，閒看兒童捉柳花」之句，得非默閱世變，中有感傷，此靜中見動意。[73]

可見，楊萬里確是把「活法」運用到了對生活的種種觀察和感受之中，目遇成詩，耳得亦成詩。

其二，想像奇特，立意新穎。楊萬里常常在他人不經意處著筆，展開出人意料的聯想，物我不分，展現出一個與人類息息相通的世界。對此，袁枚頗感驚奇，其云：

「白水遙連郭，青山直到門。」畏壘山人詩也，「野水白連郭，亂山青到門。」王子乘詩也。二詩各臻其妙，然觀楊誠齋「江欲浮天去，山疑渡水來」，則又瞠乎後矣。[74]

詩作如：

72　周密：《浩然齋雅談》卷中，清武英殿聚珍叢書本。

73　葉寘：《愛日齋叢鈔》卷三。

74　袁枚：《隨園詩話·補遺》卷四。

柳條百尺拂銀塘，且莫深青只淺黃。未必柳條能蘸水，水中柳影引他長。（《新柳》）

細草搖頭忽報依，披襟攔得一西風。荷花入暮猶愁熱，低面深藏碧傘中。（《暮熱游荷池上》）

閉轎哪知山色濃，山花影落水田中。水中細數千紅紫，點對山花一一同。（《水中山花影》）

溪邊少立苦待月，月知人意偏遲出。歸來閉戶悶不看，忽然飛上千峰端。卻登釣雪聊一望，冰輪正掛攢松梢上。詩人愛月愛中秋？有人問儂儂掉頭。一年月色只臘裡，雪汁揩磨霜水洗。八荒萬里一青天，碧潭浮出白玉盤。更約梅花作渠伴，中秋不是欠此段？（《釣雪舟中霜夜望月》）

峭壁呀呀虎擘口，惡灘淘淘雷出吼。泝流更著打頭風，如撐鐵船上牛斗。「風伯勸爾一杯酒，何須惡劇驚詩叟？端能為我霽威否？」岸柳掉頭獲搖手。（《檄風伯》）

其三，層次曲折，深婉多致，變化無窮，力避陳俗、平庸和直露。楊萬里在創作時特別注意層次的變化，在多變的層次之中體現其活法。他的詩作表面上似乎是一揮而就的草草幾筆，細細品味，卻領悟出他的精心安排。如《夏夜玩月》詩，內中分明的層次、奇特的想像、耐人尋味的理趣都不可能隨手寫就。

對此，前人有深透的評價：

宋詩人工於七言絕句而能不襲用唐人舊調者，以放翁、誠齋、後村為最，大略淺意深一層說，直意曲一層說，正意

反一層側一層說。[75]

　　夫漢魏六朝詩豈不佳，但依樣畫胡盧，終落空套。作詩當求真是自己語。中晚唐以逮宋人，力去空套。宋詩中如楊誠齋，非僅筆透紙背也。言時摺其衣襟，既向裡摺，又反而向表摺，因指示曰：他人詩只一摺，不過一曲折而已，誠齋則至少兩曲折。他人一折向左，再折又向左，誠齋則一折向左，再折向左，三折總而向右矣。生看誠齋集，當於此等處求之。[76]

其詩如：

　　大磯愁似小磯愁，篙稍寬時船即流。撐得篙頭都是血，一磯又復在前頭。（《過顯濟廟前石磯竹枝詞》）

　　仰頭月在天，照我影在地。我行影亦行，我止影亦止。不知我與影，為一定為二？月能寫我影，自寫卻何似？偶然步溪旁，月卻在溪裡。上下兩輪月，若個是真底？唯復水似天？唯復天似水？（《夏夜玩月》）

　　老夫渴急月更急，酒落杯中月先入。領取青天並入來，和月和天都蘸濕。天既愛酒自古傳，月不解飲真浪言。舉杯

75　陳衍：《石遺室詩話》，《民國詩話叢編》，上海書店出版社，2002年版，第230頁。

76　陳衍：《陳石遺先生談藝錄》，《民國詩話叢編》，第702頁。

將月一口吞，舉頭見月猶在天！老夫大笑問客道：「月是一團還兩團？」酒入詩腸風火發，月入詩腸冰雪潑。一杯未盡詩已成，誦詩向天天亦驚。焉知萬古一骸骨，酌酒更吞一團月。（《重九後二日同徐克章登萬花川谷月下傳觴》）

其四，幽默風趣，調侃諧謔，在不經意中闡說理趣，表現了他詩化了的理學思想。楊萬里特別注意在日常生活的普通景象中融入自己的主觀領悟與體驗，使之帶有一種與眾不同的理趣，意即「不是胸中別，何緣句子新」（《蜀士甘彥和寓張魏公門館用予見張欽夫詩韻作二詩見贈和以謝之》）。這樣的詩作可以說是楊萬里把理學及禪宗觀物體驗方式引入詩歌的產物。相關評論如：

後村謂放翁學力也似杜甫，誠齋天分似李白，蓋落盡皮毛，自出機杼，古人之所謂似李白者，入今人之俗目，則皆俚諺也……見者無不大笑。嗚乎不笑不足以為誠齋之詩。[77]
舊讀楊誠齋絕句云：「飽喜飢嗔笑殺儂，鳳皇未必勝狙公。幸逃暮四朝三外，猶在桐花竹實中。」不曉所謂，晚始悟其微意。此自江東漕奉祠歸之作也。鳳雖不聽命於狙公，然猶待桐花竹實而飽，以花實況祠廩也，欲並祠廩掃空之

77 呂留良等：《宋詩鈔》，商務印書館，1935 年版。

耳。未幾，遂請掛冠。[78]

其作品如：

　　偶爾相逢細問途，不知何事數遷居？微軀所饌能多少？一獵歸來滿後車。（《觀蟻》）

其五，語言平易通俗，口語化，甚至有時直用民間俚俗之語，並化俗為雅，達到語俗而理不俗的詩歌境界，更增加了詩歌的幽默性與活潑性。

　　楊萬里詩歌語言淺顯曉暢，少典故而多俗語，讀來輕鬆活潑，自然清新，頗有民歌風味。但據錢鍾書先生的說法，這些詩中的俚辭諺語看似衝口而出，卻也是有出處的，並非信口胡謅。看來隨意平淡，卻也不無來處，這樣的「活法」正是錢鍾書所說的「不破壞規矩，又能夠變化不測，給讀者以圓轉而『不費力』的印象」[79]。

　　放翁與楊誠齋同以詩名，誠齋專以俚言俗語闌入詩中，以為新奇，放翁則一切掃除，不肯落其窠臼。[80]

78　劉克莊：《後村詩話》前集卷二。

79　錢鍾書：《宋詩選注》，三聯書店，2002 年版，第 255 頁。

80　趙翼：《甌北詩話》卷六，清刊本。

用方言入詩，唐人已有之。用俗語入詩，始於宋人而要莫善於楊誠齋。[81]

誠齋之詩，巧處即其俚處。[82]

以上所舉之詩皆有此特點，又如：

田夫拋秧田婦接，小兒拔秧大兒插。笠是兜鍪蓑是甲，雨從頭上濕到腳。喚渠朝餐歇半霎，低頭折腰只不答：「秧根未牢蒔未匝，照管鵝兒與雛鴨！」（《插秧歌》）

晚發丹陽館下，五更至丹陽縣。舟人及牽夫終夕有聲，蓋謳吟嘯謔以相其勞者。其辭亦略可辨，有云：「張哥哥，李哥哥，大家著力一齊拖。」又云：「一休休，二休休，月子彎彎照幾州。」其聲淒婉，一唱眾和，因欚栝之為《竹枝歌》云：

莫笑樓船不解行，識儂號令聽儂聲。一人唱了千人和，又得蹉前五裡程。

月子彎彎照幾州？幾家歡樂幾家愁？愁殺人來關月事？得休休處且休休。（以上《竹枝歌》並序）

楊萬里著力於創作思維方式與詩歌藝術風格的變革，其徹底

---

81 李樹滋：《石樵詩話》卷四，清道光二十九年刊本。
82 翁方綱：《石洲詩話》卷四。

投身自然、師法自然的創作態度，對自然萬物的充分觀察與細緻描寫，獨具機杼，開闢了一個鮮活靈動的審美天地，推動了南宋及以後詩歌的發展，成為南宋詩風嬗變的顯著標誌，在當代及後世都引起了人們的極大關注，評論者、學習者綿綿不斷，在文學史上享有極高的地位：

誠齋詩名牛斗寒，上規《大雅》非小山。[83]

斯文宗主賴公歸，不使他楊僭等夷。四海聲名今大手，萬人辟易幾降旗。[84]

今日詩壇誰是主？誠齋詩律正施行。[85]

文章有定價，議論有至公。我不如誠齋，此評天下同。[86]

以人而論，則有……楊誠齋體。[87]

海外咸推獨步，江西橫出一枝。[88]

南渡後，楊廷秀好為新體詩，學者亦宗之。[89]

83　周必大：《奉新宰楊廷秀攜詩訪別次韻送之》，《省齋文稿》卷五。

84　袁説友：《和楊誠齋南海集詩三首》之一，《東塘集》卷五，文淵閣《四庫全書》本。

85　姜特立：《謝楊誠齋惠長句》，《梅山續稿》卷一，清鈔本。

86　陸游：《謝王子林判院惠詩編》，《劍南詩稿》卷五十三，汲古閣刊本。

87　嚴羽：《滄浪詩話·詩體》，人民文學出版社，1983年版。

88　劉克莊：《題誠齋像二首》，《後村先生大全集》卷三十六，《四部叢刊》本。

89　歐陽玄：《圭齋文集》卷八，《四部叢刊》本。

自中興以來，言詩者必稱尤、楊、范、陸。**90**

汪大紳道余詩似楊誠齋，范瘦生大不服，來告余。余驚曰：「誠齋，一代作手，談何容易！……其天才清妙，絕類太白，瑕瑜不掩，正是此公真處。」**91**

詩……皆由天性使然，非關學問。在唐，則青蓮一人……宋有楊誠齋。**92**

參考文獻

1. 北京大學古文獻研究所：《全宋詩》，北京大學出版社，1998 年版。

2. 陳岩肖：《庚溪詩話》，中華書局版《歷代詩話續編》本。

3. 脫脫等：《宋史》，中華書局，1985 年版。

4. 吳文治：《宋詩話全編》，江蘇古籍出版社，1997 年版。

5. 楊萬里：《誠齋集》，文淵閣《四庫全書》本。

6. 楊萬里：《誠齋詩話》，中華書局版《歷代詩話續編》本。

90 方回：《跋遂初尤先生尚書詩》，《桐江集》卷三。
91 袁枚：《隨園詩話》卷八。
92 袁枚：《隨園詩話》卷十一。

南宋後期江西詩歌

　　南宋後期的江西詩作，突出地體現為以愛國題材為主，文天祥、王炎午、謝枋得等人繼承了南宋前期江西愛國詩歌的傳統，在南宋覆亡之際，慷慨而歌，頌揚了他們投身其中的救亡圖存的偉大鬥爭，以自我的血淚甚至生命寫下了江西詩壇乃至南宋文學光耀千秋的最後一筆。

第一節 ▶ 文天祥

　　文天祥（1236-1283），原名雲孫，字履善，又字宋瑞，自號文山、浮休道人，吉州吉水（今江西吉水縣）人。其詳細生平經歷，《宋史·文天祥傳》有記載：

　　　　年二十，舉進士⋯⋯帝親拔為第一。

　　　　開慶初，大元兵伐宋，宦官董宋臣說上遷都，人莫敢議其非者。天祥時入為寧海軍節度判官，上書「乞斬宋臣，以一人心。」⋯⋯天祥既數斥，援錢若水例致仕，時年三十七。

　　德祐初，江上報急，詔天下勤王。天祥捧詔涕泣……以江西提刑安撫使召入衛。其友止之，曰：「……君以烏合萬餘赴之，是何異驅群羊而搏猛虎。」天祥曰：「吾亦知其然也。第國家養育臣庶三百餘年，一旦有急，征天下兵，無一人一騎入關者，吾深恨於此。故不自量力，而以身徇之，庶天下忠臣義士將有聞風而起者。義勝者謀立，人眾者功濟，如此則社稷猶可保也。」……八日，天祥提兵至臨安，除知平江府……明年正月，除知臨安府。未幾，宋降……除右丞相兼樞密使，使如軍中請和，與大元宰相伯顏抗論皋亭山。丞相怒拘之……天祥……夜亡入真州……

　　天祥未至時，揚有脫歸兵言：「密遣一丞相入真州說降矣。」庭芝信之，以為天祥來說降也……下令捕文丞相甚急……乃東入海道……至溫州。

　　聞益王未立，乃上表勸進，以觀文殿學士、侍讀召至福，拜右丞相……至元十四年……至空坑，軍士皆潰……天祥收殘兵奔循州……十五年……衛王繼立……加天祥少保，信國公……天祥方飯五坡嶺，張弘范兵突至……天祥倉皇出走，千戶王惟義前執之，天祥吞腦子，不死。

　　天祥至潮陽，見弘范，左右命之拜，不拜。弘范遂以客禮見之，與俱入崖山，使為書招張世傑……乃書所《過零丁洋》詩與之……崖山破，軍中置酒大會，弘范曰：「國亡，丞相忠孝盡矣，能改心以事宋者事皇上，將不失為宰相也。」天祥泫然出涕曰：「國亡不能救，為人臣者死有餘罪，況敢逃其死而二其心乎？」弘范義之，遣使護送天祥至

京師。

　　天祥在道，不食八日，不死，即復食。至燕……天祥在
燕凡三年，上知天祥終不屈也……召入諭之曰：「汝何願？」
天祥對曰：「天祥受宋恩，為宰相，安事二姓？願賜之一死
足矣！」……天祥臨刑殊從容，謂吏卒曰：「吾事畢矣。」
南鄉拜而死……年四十七，其衣帶中有贊曰：「孔曰成仁，
孟曰取義，惟其義盡，所以仁至。讀聖賢書，所學何事？而
今而後，庶幾無愧。」[1]

　　文天祥有強烈的愛國思想，並能突破狹隘的忠君觀念，最後
以身殉國，譜寫了一曲愛國主義的高歌。其云：

　　初修降表我無名，不是隨班拜舞人。誰遣附庸祈請使，
要教索虜識忠臣。（《使北八首》之六）
　　英雄未肯死前休。（《指南錄‧紀事六首》之六）
　　無書求出獄，有舌到臨刑。（《己卯十月一日至燕》）
　　博羅曰：「德祐嗣君非爾君耶？」曰：「吾君也。」曰：
「棄嗣君別立二王，如何是忠臣？」予曰：「德祐吾君也，
不幸而失國，當此之時，社稷為重，君為輕。吾別立君，為
宗廟社稷，所以為忠臣也。從懷愍而北者非忠，從元帝為
忠，從徽欽而北者非忠，從高宗為忠。」（《紀年錄‧宋祥

---

1 脫脫等：《宋史》卷四一八。

興元年》）**²**

王炎午《望祭文丞相文》評曰：

　　扶顛持危，文山、諸葛。相國雖同，而公死節。倡義舉勇，文山、張巡。殺身不異，而公秉鈞。名相烈士。合為一傳，三千年間，人不兩見。**³**

羅倫《宋丞相文信國公祠堂記》評曰：

　　夫慷慨就義，決死生於一旦，中人猶或能也，若歷履萬死，其執彌堅，其志彌勵，非仁者其能然乎？方公之使虜，詆大酋，罵逆賊，當死；脫京口，走真州，如揚州，趨高郵，抵通州，苗再成逐之，李庭芝疑之，外迫於虜寇，內煎於飢餓，無日而不當死；然後遵海道，涉鯨波，歸立二王，開督南劍，敗績於空坑，當死；仰藥於潮陽，當死；絕粒於南安，當死；卒至就囚燕獄，從容南向，再拜而死。震動天地，照耀萬世，可謂天下之大忠也。**⁴**

2　文天祥：《文天祥全集》，中國書店，1985 年版，第 462 頁。
3　《文天祥全集》，第 515 頁。
4　《文天祥全集》，第 516 頁。

文天祥的詩詞創作可以德祐時起兵勤王分為前後兩期。前期之作，是一般的文人詩，雖然期間有一些詩篇是抒發憂時之感或揭露統治集團的矛盾和罪惡的，但更多的卻是題詠匆匆、酬應瑣屑之作，與一般調弄筆墨的文人之作無異。德祐以後，由於文天祥所處的社會環境的激烈變動，並親身體驗到亡國的慘痛，他的愛國思想升華到了一個新的高度。這一時期詩詞的藝術成就也達到了更高的境界。他的古體詩，氣勢磅礴，筆力遒勁；他的律詩，言簡意賅，對仗工整；他的絕句，淒厲高亢，明白如話；他的詞，筆觸有力，風骨凜然。這些作品抒發了強烈的愛國主義思想感情，具有震撼人心的感染力，且能和強烈的紀實性相結合，實踐了他以詩為史的文學主張。為此，他特別標舉杜甫。作品的風格也力學老杜，以慷慨激昂和悲壯蒼涼為主，於詩可算陸游的後勁，於詞可稱辛棄疾的後勁，其中尤以詩的成就為最高，在南宋詩壇上占有重要的地位，在我國文學史上寫下了光輝的一頁。

其《集杜詩自序》云：

> 余坐幽燕獄中，無所為，誦杜詩，稍習諸所感興，因其五言，集為絕句，久之，得二百首。凡吾意所欲言者，子美先為代言之，日玩之不置，但覺為吾詩，忘其為子美詩也。乃知子美非能自為詩，詩句自是人情性中語，煩子美道耳。子美於吾，隔數百年，而其言語為吾用，非情性同哉？昔人評杜詩為詩史，蓋其以詠歌之辭，寓紀載之實，而抑揚褒貶之意，燦然於其中，雖謂之史，可也。予所集杜詩，自余顛沛以來，世變人事，概見於此矣，是非有意於為詩者也。後

之良史，尚庶幾有考焉。

相關評論有：

　　有詩有詩《吟嘯集》，紙上飛蛇噴香汁。杜陵寶唾手親拾，滄海月明老珠泣。天地長留國風什，鬼神呵護六丁立。我公筆勢人莫及，每一呻吟淚痕濕。嗚乎八歌兮歌轉急，魂招不來風習習。[5]

　　其詩辭序記等作，或論理敘事，或寫懷詠物，或弔古而傷今，大篇短章，宏衍巨麗，嚴峻剴切，皆惓惓焉愛君憂國之誠，匡濟恢復之計。至其自誓盡忠死節之言，未嘗輟諸口。讀之，使人流涕感奮，可以想見其為人。[6]

　　（文信公《集杜詩》）一名《文山詩史》，宋文天祥撰……詩凡二百篇，皆五言二韻，專集杜句而成。每篇之首，悉有標目次第，而題下敘次時事，於國家淪喪之由，生平閱歷之境，及忠臣義士之周旋患難者，一一詳志其實，顛末粲然，不愧「詩史」之目。[7]

其詩除著名的《正氣歌》外，為人們激賞的還有：

5　汪元量：《浮丘道人招魂歌九首》之八，見《文天祥全集》，第525頁。

6　韓雍：《文山先生文集序》，見《文天祥全集》，第521頁。

7　《四庫全書總目》卷一六四。

辛苦遭逢起一經，干戈寥落四周星。山河破碎風飄絮，身世浮沉雨打萍。惶恐灘頭說惶恐，零丁洋裡嘆零丁。人生自古誰無死，留取丹心照汗青。（《過零丁洋》）

草合離宮轉夕暉，孤雲飄泊復何依？山河風景元無異，城郭人民半已非。滿地蘆花和我老，舊家燕子傍誰飛？從今別卻江南目，化作啼鵑帶血歸。（《金陵驛二首》之一）

山河千里在，煙火一家無。壯甚睢陽守，冤哉馬邑屠。蒼天如可問，赤子果何辜。唇齒提封舊，撫膺三嘆籲！（《常州》）

功業飄零五丈原，如今局促傍誰轅？俯眉北去明妃淚，啼血南飛望帝魂。骨肉凋殘唯我在，形容變盡只聲存。江流千古英雄恨，蘭作行舟柳作樊。（《和中齋韻》）

其詞如：

水天空闊，恨東風不借，世間英物。蜀鳥吳花殘照裡，忍見荒城頹壁。銅雀春情，金人秋淚，此恨憑誰雪？堂堂劍氣，斗牛空認奇傑。那信江海餘生，南行萬里，屬扁舟齊發。正為鷗盟留醉眼，細看濤生雲滅。睨柱吞嬴，回旗走懿，千古沖冠髮。伴人無寐，秦淮應是孤月。（《酹江月》驛中言別友人）

乾坤能大，算蛟龍、元不是池中物。風雨牢愁無著處，那更寒蟲四壁。橫槊題詩，登樓作賦，萬事空中雪。江流如此，方來還有英傑。堪笑一葉漂零，重來淮水，正涼風新

發。鏡裡朱顏都變盡，只有丹心難滅。去去龍沙，江山回首，一線青如髮。故人應念，杜鵑枝上殘月。（《酹江月》）

　　為子死孝，為臣死忠，死又何妨。自光岳氣分，士無全節，君臣義缺，誰負剛腸。罵賊睢陽，愛君許遠，留得聲名萬古香。後來者，無二公之操，百煉之鋼。人生翕欻雲亡。好烈烈轟轟做一場。使當時賣國，甘心降虜，受人唾罵，安得留芳。古廟幽沉，儀容儼雅，枯木寒鴉幾夕陽。郵亭下，有奸雄過此，仔細思量。（《沁園春‧題張許廟》）

　　文天祥的詩詞創作，充分展示了他的生命意識。這包含了他對國家與社會命運的深切關注：無論自己身居何位、身處何地，都心繫君王社稷的利益和安危，體現的是濃厚的憂患意識。面對各種不平與挫折，尤其是面對悲慘厄運，他表現出了驚人的鬥爭精神：為實現理想而甘心頑強奮鬥，向一切不幸抗爭。而一旦要經受住生死抉擇的考驗時，他又會義無反顧地捨棄生命，追求理想中的真理，從而捨生取義，讓一股正氣長留人間。在藝術表現上，筆觸有力，感情強烈，節義凜然，更好表現了詩人威武不屈的英勇氣概及震撼人心的力量，成為南宋末年光照日月、氣壯山河的絕唱！

第二節 ▶ 王炎午、謝枋得

　　王炎午（1252-1324），初名應梅，字鼎翁，別號梅邊，盧陵（今江西安福洲湖）人。炎午出生於書香世家，自幼刻苦讀書，

曾從事《春秋》研究。咸淳甲戌（1274）年，補中大學上舍生。臨安陷後，拜謁文天祥，竭盡家產助勤王軍餉，文天祥留置幕府，以母病歸。後聞文天祥兵敗被俘，特作生祭文以勵其死。及至文天祥英勇就義，王炎午又痛苦撰文以祭。入元後，杜門卻掃，肆力詩文，更其名曰炎午，名其所著曰《吾汶稿》，以示不仕異代之意。泰定元年卒，年七十三。《南宋書》《新元史》有傳。今存詩詞各一首。

王炎午所存詩為《贈戴石玉》：

琢之磨之，玉汝於成。孰為玉工，師友父兄。仙山之石，今則在我。彼璞之棄，我責之隋。為瑚為璉，如珪如璋。山澤之潤，邦家之光。玉不自毀，人自槿實。聞士稱名，不離其道。

詩為四言古體，古樸渾厚。其所存詞為《沁園春》，初見於《元草堂詩餘》卷下：

又是年時，杏紅欲臉，柳綠初芽。奈尋春步遠，馬嘶湖曲，賣花聲過，人唱窗紗。暖日晴煙，輕衣羅扇，看遍王孫七寶車。誰知道，十年魂夢，風雨天涯。休休何必傷嗟。謾贏得、青青兩鬢華。且不知門外，桃花何代，不知江左，燕子誰家。世事無情，天公有意，歲歲東風歲歲花。拼一笑，且醒來杯酒，醉後杯茶。

　　這首詞作於宋亡之後。詞的上片從春景入筆，以較多文字寫春光駘蕩，游人如醉；下片則與上片形成強烈對比，轉寫詞人十年來郁結於心的悲傷感慨，抒發目前情懷。全詞借傷春感懷，表達亡國之痛。

　　謝枋得（1226-1289），字君直，號疊山，別號依齋，信州弋陽（今屬江西）人。寶祐四年（1256），與文天祥同榜進士，任撫州（今屬江西）司戶參軍，不久棄官。寶祐五年，謝枋得再次應試，得中兼經科，仍未出仕。然面對蒙軍攻宋，他毅然應召，負責招募民兵，籌集軍餉以資報國。《宋史》本傳曰：

　　　　明年複試教官中兼經科，除教授建寧府，未上。吳潛宣撫江東、西，辟差干辦公事。團結民兵，以扞饒、信、撫，科降錢米以給之。枋得說鄧、傅二社諸大家，得民兵萬餘人，守信州，暨兵退，朝廷核諸軍費，幾至不免。[8]

　　後吳潛宣撫江東、西，辟差干辦公事。景定末，謝枋得因得罪賈似道，謫居興國軍（今湖北陽新縣）。咸淳三年（1267），赦歸。德祐元年（1275），以江東提刑、江西招諭使知信州。明年，元兵東下，信州不守，謝枋得改變姓名入建寧唐石山，日日麻衣草鞋，東向而哭。宋亡，居閩中，屢薦不起。至元二十六年

8　脫脫等：《宋史》卷四二五。

（1289），福建參政魏天佑強之而北，至大都，不食而死，年六十四。門人私謚文節。著作有《詩傳注疏》《易說》《十三卦取象》《批點陸宣公奏議》《文章軌範》以及雜著、詩文六十四卷行於世。

謝枋得詩傷時感舊，沉痛蒼涼，詩風樸素端正，有時也饒有韻致。如《武夷山中》寫道：

> 十年無夢得還家，獨立青峰野水涯。天地寂寥山雨歇，幾生修得到梅花。

宋朝亡國後，作者隱居閩中，始終不入元仕。此詩為其晚年之作，詩中寂寥的天地寫照，亦為作者亡國後的寂寥心境，而梅花高潔的品格也表明了作者的心志。又如《初到建寧賦詩一首》：

> 雪中松柏愈青青，扶植綱常在此行。天下久無龔勝潔，人間何獨伯夷清。義高便覺生堪舍，禮重方知死甚輕。南八男兒終不屈，皇天上帝眼分明。

這是他北上前的訣別詩，起句即以「雪中松柏愈青青」自比，比喻自己永遠獨立不移的民族氣節，敢於傲霜鬥雪的鐵骨松風，亦感人至深。

謝枋得的詞和詩一樣，頗顯沉痛蒼涼，如《沁園春·寒食鄆州道中》：

十五年來，逢寒食節，皆在天涯。嘆雨濡露潤，還思宰柏；風柔日媚，羞見飛花。麥飯紙錢，只雞斗酒，幾誤林間噪喜鴉。天笑道：此不由乎我，也不由他。鼎中煉熟丹砂。把紫府清都作一家。想前人鶴馭，常游絳闕；浮生蟬蛻，豈戀黃沙？帝命守墳，王令修墓，男子正當如是耶。又何必，待過家上冢，晝錦榮華！

這首詞是謝枋得過鄞州時所作。該詞先抒發思鄉之情，繼而表達自己報國無門之感，慷慨悲歌而催人淚下。詞作尤重心理刻畫，有動人心弦的感染力，具有很高的思想境界和藝術魅力。

參考文獻

1. 北京大學古文獻研究所編：《全宋詩》，北京大學出版社，1998 年版。

2. 陳岩肖：《庚溪詩話》，中華書局版《歷代詩話續編》本。

3. 脫脫等：《宋史》，中華書局，1985 年版。

南宋江西詞作

西元一一二七年「靖康之變」，徽、欽二帝被金人擄走北去，中原盡失。在這樣的時局下，朝野志士無不拔劍斫地，切齒扼腕，於是江西詞壇上產生了一批令人讀後慷慨悲涼、數百年後尚見其慷慨磊落之氣的作品。

第一節 ▶ 南宋前期的愛國詞人

南宋前期的詞史上，被認為開拓南渡愛國詞先河的代表人物是向子諲。

向子諲（1085-1152），字伯恭，自號薌林居士，向敏中之玄孫。臨江（今江西清江）人。出身貴族家庭，是神宗向皇后的再從姪，元符三年（1100），以恩蔭入仕，宣和七年（1125），以直秘閣為京畿路轉運副使，不久兼發運副使。建炎元年（1127），統兵勤王，又拘張邦昌所遣使者，遷直龍圖閣訃艾、江淮發運副使。以素與李綱善，被黃潛善罷官。建炎三年，復職任潭州（今湖南長沙）知府。紹興年間，歷知廣州、江州，改江東轉運使，進秘閣修撰。紹興八年（1138）除戶部侍郎。不久金

使議和將入境，以不肯拜金詔而忤逆秦檜，遂辭官還鄉，歸隱十餘年，紹興二十二年卒，年六十八。有詞集《酒邊集》二卷。

　　向子諲是著名的主戰派大臣。靖康之難時，他曾請康王率諸將渡河，出敵不意以救徽、欽二帝。建炎三年，金人舉師南下，烽火遍地，宋高宗倉皇從海上逃跑，金兵破江西，進逼湖南。此時向子諲任知潭州，他親率軍民死守拒敵，血戰八晝夜，終因實力不濟而城破。當時陳與義有詩稱讚說：「稍喜長沙向延閣，疲兵敢犯犬羊鋒。」（《傷春》）紹興初年，向子諲知平江府，金人和議使將入境，子諲不肯屈節拜金詔，並上章言拒受和戎，觸忤秦檜，結果被迫退居清江五柳坊。時勢造英雄，時代的變遷將向子諲這樣的一般官吏鍛造成了民族志士、抗金英傑，他的詞作也因此由淺薄平庸一躍而「登高望遠，舉首高歌」，成為呼喚詞壇新風的首倡。

　　向子諲自編的《酒邊詞》共存詞一百七十首，上卷為《江南新詞》，作於南渡後，下卷為《江北舊詞》，作於北宋間。他作這樣的編排，用意是很深的。胡寅認為他「退江北所作於後，而進江南所作於前，以枯木之心，幻出葩華；酌元酒之尊，棄置醇味」（《題酒邊詞》），這種說法大致正確。當然，向子諲前後期詞作的差異並非僅僅「元酒」與「醇味」的區別，他的北宋詞作大抵抒寫綺懷戀情，屬婉約風格，但情感較為浮泛，缺乏新意。而經歷國難的風雨洗禮的《江南新詞》，卻脫胎換骨，呈現出嶄新的面貌。

　　其中，最為突出的是一些傷時憤世之作，如《秦樓月》：

芳菲歇，故園目斷傷心切。傷心切，無邊煙水，無窮山色。可堪更近乾龍節，眼中淚盡空啼血。空啼血，子規聲外，曉風殘月。

詞人當家亡國破、君辱臣恥時，卻又回天無力，胸中不禁充塞著極度的憤恨和悲哀。尤其是「杜鵑啼血」之典的運用，詞人將其內涵進行改造，將離別的愁苦轉換為因國破家亡而生的故國之思，它傳達出詞人心中的無限哀怨，撞擊著讀者的心扉。

再如他在鄱陽道中寫下的《阮郎歸》：

江南江北雪漫漫，遙知易水寒。彤雲深處望三關，斷腸山又山。天可老，海能翻，消除此恨難。頻聞遣使問平安，幾時鸞輅還？

上片由江南江北之雪聯想到易水之寒，又由此一聯想而遙望三關，已是層層翻進。下片則凌空設喻，以天可老、海能翻反襯詞人的此恨難消，情至絕望之境，使之無以復加。轉而詞人又翻出絕望中的一片痴望，抒發故國故君之思，至此終至其極。全詞雖極寫二帝被擄不還之悲懷，但終篇亦並無一語道破，語言委婉工致，不失詞體本色。

《江南新詞》中也有相當數量的「隱逸」作品。在被迫辭官後，向子諲只好隱居薌林，其詞風亦由悲壯轉向清曠，多寫煙波垂釣、山林徜徉的景致。但在這些「清曠」的詞作裡，仍然隱藏著時代與個人悲哀。如《西江月》：

政和間，余卜築宛丘，手植眾藥，自號藥林居士。建炎初，解六路漕事，中原攪攘，故廬不得返，卜居清江之五柳坊。紹興癸丑，罷帥南海，即棄官不仕。乙卯起，以九江郡復轉漕江東，入為戶部侍郎。辭榮避謗，出守姑蘇。到郡少日，請又力焉，詔可，且賜舟曰泛宅，送之以歸。己未暮春，復還舊隱。時仲舅李公休亦辭春陵郡守致仕，喜賦是詞。

五柳坊中煙綠，百花洲上雲紅。蕭蕭白髮兩衰翁，不與時人同夢。

拋擲麟符虎節，徜徉江月林風。世間萬事轉頭空，個裡如如不動。

從詞序可知，這首詞是詞人第二次辭官重歸清江五柳坊之後創作的。全詞似隱逸閒適之作，實為明志抒憤之詞。全詞反映了子諲居污濁而守高潔、遠奸佞而守忠愛的美德。就其藝術性而言，寫景則筆染春色，柳綠花紅，月朗風清；敘事又筆挾風雷，激情慷慨。這種晴空布雷的手法，自出機杼，獨標高格。另外，本詞明開暗合，照應縝密，亦體現詞人匠心。

同時期著名的江西愛國詞人還有洪皓、胡銓、袁去華等人。

洪皓（1088-1155），字光弼，饒州鄱陽（今江西鄱陽縣）人。徽宗政和五年（1115）進士。宣和中，為秀州司錄，竭力賑救災民，百姓譽稱他「洪佛子」。建炎三年（1129）以徽猷閣待制假禮部尚書，充任大金通問使。金人將其拘留，百般利誘威逼，始終不屈，竟留金十五年，受盡艱辛與折磨。紹興十三年

（1143）始歸，遷徽猷閣直學士，提舉萬壽觀，兼權直學士院。後因當面揭露秦檜叛國的隱情，被讒劾陷害，出知饒州。十七年（1147），責授濠州團練副使，英州安置。二十五年（1155），主管台州崇道觀，卒，諡忠宣。有文集五十卷等，已佚。清四庫館臣據《永樂大典》輯為《鄱陽集》四卷，另有《松漠紀聞》二卷行世。

洪皓《鄱陽詞》二十一首，大部分作於留金時期，多表達詞人對南方及愛國人士的深切懷念與關注。如《木蘭花慢·重陽》：

> 對金商暮節，此時客、意難忘。正卉木凋零，蛩螿韻切，賓雁南翔。東籬有黃蕊綻，是幽人、最愛折浮觴。須信凌霜可賞，任他落帽清狂。
>
> 茫茫。去國三年，行萬里、過重陽。奈眷戀庭闈，矜憐幼稚，墮淚回腸。憑欄處空引領，望江南、不見轉淒涼。羈旅登高易感，況於留滯殊方。

洪皓詞最著名的是一組四章的詠梅詞。一一四二年，宋金「和議」告成，宋高宗對金稱臣，歲貢銀絹，明確表示放棄淮水以北地區，金朝同意送回宋徽宗棺木和高宗母韋后。該年夏至，南宋迎護韋后的使者將至，洪皓聞知此消息，又聽到歌者唱《江梅引》，中有「念此情，家萬里」之句，不禁百感交集，連夜和了四首《江梅引》，分別以首句末三字為題，即《憶江梅》《訪寒梅》《憐落梅》，第四首缺題名，依例當作《雪欺梅》。我們錄其一《憶江梅》：

　　天涯除館憶江梅。幾枝開？使南來，還帶余杭春信到燕台？准擬寒英聊慰遠，隔山水，應銷落，赴訴誰！空恁遐想笑摘蕊，斷回腸，思故里。漫彈綠綺，引《三弄》，不覺魂飛。更聽胡笳，哀怨淚沾衣。亂插繁花須異日，待孤諷，怕東風，一夜吹。

　　詞中通過對江南梅花的深切追憶與想往，寄托了對祖國的熱愛和渴望南歸的心情。該詞巧妙地運用大量有關梅花的成語和典故，既有豐富的歷史內容又富有時代新意，意境綿邈而形象優美，跌宕多姿。

　　胡銓詞作，前文已述，此處不贅。

　　袁去華的年輩比上述諸人稍晚些，生卒年不詳，字宣卿，奉新（今屬江西）人。紹興十五年（1145）進士。曾任善化（今屬湖南）、石首（今屬湖北）知縣。有《宣卿詞》一卷，共九十八首。

　　袁去華詞風承蘇軾餘緒，在情韻上略有遜色。其中，愛情詞能洗卻脂香粉氣，清深雅麗，藝術成就較高；愛國詞多抒寫故國之思及對時事的感慨，如《水調歌頭》數闋，我們錄其《定王台》：

　　雄跨洞庭野，楚望古湘州。何王台殿，危基百尺自西劉。尚想霓旌千騎，依約入雲歌吹，屈指幾經秋。嘆息繁華地，興廢兩悠悠。登臨處，喬木老，大江流。書生報國無地，空白九分頭。一夜寒生關塞，萬里雲埋陵闕，耿耿恨難休。徙倚霜風裡，落日伴人愁。

定王台，在今湖南省長沙市東，相傳為漢景帝之子定王劉發為望其母唐姬墓而建，故名。袁去華這首懷古詞大約作於他任善化（縣治在今長沙市內）縣令期間。深秋時節，他登台覽勝，憮然生感，作出了這首雄鑠古今的愛國主義詞章。詞作上片懷古，下片傷今，定王台的殘破衰敗，暗指南宋王朝滿目瘡痍、國勢日頹。其間年華水逝的詠嘆，自然引出對自身遭際及請纓無路的悲哀。詞作畫面壯闊雄渾，音調蒼涼激楚，充溢著強烈的愛國情感，具有鮮明的時代特色。

第二節 ▶ 辛派中的江西詞人

繼早期向子諲等人的導夫先路之後，南宋江西詞壇依然高舉愛國主義的旗幟，這一方面緣於江西由來已久的崇尚仁義的傳統，另一方面則緣於南宋豪放詞發展的歷史機遇：豪放詞派代表詞人辛棄疾因政壇失路而賦閒於江西上饒，在他的周圍迅速聚集起一批志在恢復宋土的愛國人士，他們創作意識激進，風格豪雄，形成辛派詞人群。其中堅人物多為江西人，如楊炎正、劉過、劉仙倫等，成就尤其突出。

一、楊炎正

楊炎正（1145-？），字濟翁，廬陵（今江西吉安）人，楊萬里之族弟。慶元二年（1196），年五十二歲才進士及第，為寧縣簿。六年，除架閣指揮，不久罷官。嘉定三年（1210）於大理司直任上以臣僚論劾，詔與在外差遣，知藤州。嘉定七年又被論

罷，改知瓊州，官至安撫使。

楊炎正與辛棄疾交誼甚厚，多有酬唱，其詞作清俊不俗，有稼軒之風。有《西樵語業》一卷，共三十八首。《四庫全書總目提要》稱其詞「縱橫排奡之氣，雖不足敵棄疾，而屏絕纖穠，自抒清俊，要非俗豔所可擬」[1]。

從楊炎正現存詞作來看，的確可稱得到辛棄疾詞之精髓。如其《水調歌頭·登多景樓》：

　　　　寒眼亂空闊，客意不勝秋。強呼斗酒，發興特上最高樓。舒卷江山圖畫，應答龍魚悲嘯，不暇顧詩愁。風露巧欺客，分冷入衣裘。忽醒然，成感慨，望神州。可憐報國無路，空白一分頭。都把平生意氣，只做如今憔悴，歲晚若為謀。此意仗江月，分付與沙鷗。

淳熙五年（1178），楊炎正與辛棄疾等好友同舟路經揚州時，登鎮江北固山甘露寺中的多景樓，引發感慨，作此詞。此詞上片先寫秋意後寫登樓，描寫寒秋高闊，江山如畫，意興激昂，表達對祖國山河的熱愛與壯志欲酬的豪情；下片「忽醒然，成感慨，望神州」三句如兜頭一瓢冷水，滿腔熱血陡變為凜凜懷冰，從而袒露作者抱負無法施展，理想無由實現，只能浪跡江湖的酸楚衷懷。而從表現技巧上看，一波三折，頻頻致意，於曲折中意

1　紀昀等：《四庫全書總目》卷一九八。

脈不斷，章法上有開有合，頗得詞體之正。這種在思想內容上憂民愛國，感慨激昂，在表現方式上又注重詞的本體特質的特色，正是辛棄疾的精華之處，體現了楊炎正學辛的成功。

二、劉過

劉過是辛派中最多被人提及並且褒貶懸殊的詞人。劉過（1154-1206），字改之，號龍洲道人，吉州太和（今江西泰和）人。劉過少懷志節，讀書論兵，好言古今治亂盛衰之變。曾多次上書朝廷，「屢陳恢復大計，謂中原可一戰而取」。嘗為韓侂冑門客，不識韓之敗事，識力遠不及辛棄疾。又屢試不第，漫游江、浙等地，依人作客，與陸游、陳亮、辛棄疾等交游。後布衣終身，去世於江蘇昆山。著有《龍洲集》《龍洲詞》。

關於劉過其人，前人有所記載：

> 劉過，字改之，號龍洲，廬陵人也。尚氣節，喜飲酒，高視一世，恆以功名自期，長於談兵，為文章豪放英特，如登多景樓詩，有「中原在望莫登樓」之句，又有「斗酒彘肩，風雨渡江，豈不快哉」等詞，至今膾炙人口。陳亮、陸游、辛棄疾，皆折節與友。嘗抗疏請光宗過宮。屢與時宰陳恢復方略，謂中原可一戰而取。詞極剴切。時故人潘友文宰昆山，延改之。過雅志欲航海，因客其所，遂娶婦而家焉。既死無子，友文與主簿趙希槮共出私錢買地馬鞍山東葬之，並祠於東齋之側。陳止安志其墓。（《昆山縣志》）

家徒壁立，無儋石儲。（呂大中《宋詩人劉君墓碑》）

平生四海劉龍洲，高臥百尺元龍樓。（蘇大年《復劉龍洲墓》）

文章事，到底恃身自誤。功名難料遲著。鶉衣簞食年年瘦，受侮世間兒女。（蘇洞《摸魚兒·憶劉改之》）

少有志節，以功業自許。博學經史、百氏之書，通知古今治亂之略。（殷奎昆山《復劉改之先生墓事狀》）

劉過自己也曾夫子自道：

某本非放縱曠達之士。垂老無所成立。故一切取窮達貧賤死生之變，寄之杯酒，浩歌痛飲，若無人，意將有所逃者。於是禮法之徒，始以狂名歸之，某亦受而不辭。（《與許從道書》）

十年南北走東西，豪氣嶒嶸老不衰。（《掛塔松窩》）

東游吳魏三千里，西入成都一萬山。（《謁淮西帥》）

鋒棱四面峻，節操一生堅。荷條行隨適，看山倚最便。從教方有礙，終不效規圓。（《方竹杖》）

劉過的詩詞創作都取得了較高的成就，但從文學史的角度上看，影響較大、特點較為明顯的還是詞，人們常常把他的詞與辛棄疾詞相比較，或認為其得辛之精髓，或認為其僅得辛之皮毛：

詞至辛稼軒而變，其源實自蘇長公，至劉改之諸公極

矣。[2]

　　雖沉著不及稼軒，然足以自成一家。[3]
　　改之全學稼軒皮毛。[4]

　　劉過詞中最有特色的就是抒寫「感時撫事，血淚迸流」的愛國思想的詞，其內容還包括鼓吹北伐，反對苟和等，這也是劉過詞內容上最有價值的部分。如：

　　中興諸將，誰是萬人英？身草莽，人雖死，氣填膺，尚如生。年少起河朔，弓兩石，劍三尺，定襄漢，開虢洛，洗洞庭。北望帝京。狡兔依然在，良犬先烹。過舊時營壘，荊鄂有遺民。憶故將軍，淚如傾。說當年事，知恨苦：不奉詔，偽耶真？臣有罪，陛下聖，可鑑臨，一片心。萬古分茅土，終不到，舊奸臣。人世夜，白日照，忽開明。袞佩冕圭百拜，九泉下，榮感君恩。看年年三月，滿地野花春，鹵簿迎神。（《六州歌頭·題岳鄂王廟》）

　　詞作頌贊岳飛的生平業績、痛斥朝廷奸佞誣陷忠良，寫得跌宕淋漓、悲壯激越，十分感人。再如《沁園春·張路分秋閱》：

2　王世貞：《藝苑卮言》附錄卷一，明萬曆十七年武林樵云書舍刊本。
3　劉熙載：《藝概》，上海古籍出版社，1978 年版，第 111 頁。
4　陳廷焯：《白雨齋詞話》，上海古籍出版社，1984 年版，第 35 頁。

萬馬不嘶，一聲寒角，令行柳營。見秋原如掌，槍刀突出，星馳鐵騎，陣勢縱橫。人在油幢，戎韜總制，羽扇從容裘帶輕。君知否，是山西將種，曾繫詩盟。龍蛇紙上飛騰。看落筆四筵風雨驚。便塵沙出塞，封侯萬里，印金如斗，未愜平生。拂拭腰間，吹毛劍在，不斬樓蘭心不平。歸來晚，聽隨軍鼓吹，已帶邊聲。

這首詞記錄了張路分舉行「秋閱」的壯觀場景，描繪了一個能文善武的抗戰派儒將形象，抒發了作者北伐抗金的強烈願望和祖國統一的愛國激情。

劉過還有一些表現個人與社會、理想與現實尖銳衝突以及歌詠民生、寫景詠物之作，顯示了其詞廣闊的思想內容。如：

知音者少，算乾坤許大，著身何處？直待功成方肯退，何日可尋歸路？多景樓前，垂虹亭下，一枕眠秋雨。虛名相誤，十年枉費辛苦。不是奏賦明光，上書北闕，無驚人之語。我自匆忙天未許，贏得衣裾塵土。白璧追歡，黃金買笑，付與君為主。蓴鱸江上，浩然明日歸去。（《念奴嬌·留別稼軒》）

弓劍出榆塞，鉛槧上蓬山。得之渾不費力，失亦匹如閒。未必古人皆是，未必今人俱錯。世事沐猴冠。老子不分別，內外與中間。酒須飲，詩可作，鋏休彈。人生行樂，何自催得鬢毛斑？達則牙旗金甲，窮則寒驢破帽，莫作兩般看。世事只如此，自有識鶿鶿。（《水調歌頭》）

但劉過為人江湖習氣過濃，因而集中也有一些諛作、豔作，這也是他最為令人鄙視之處：

> 觀集中《詠美人指甲》《美人足》二闋，刻畫猥褻，頗乖大雅。[5]
>
> 《沁園春》等調，淫詞褻語，污穢詞壇，即以豔體論，亦是下品。[6]

從藝術表現上看，劉過「詞多壯語，蓋學稼軒」，豪肆矯健、想像奇特是其特色。特別是能夠擺脫格律束縛，語言極力散文化，不避俚俗，頗有個性。這方面的代表作是他學習辛作最成功的《沁園春·寄辛承旨》：

> 斗酒彘肩，風雨渡江，豈不快哉！被香山居士，約林和靖，與坡仙老，駕勒吾回。坡謂西湖，正如西子，濃抹淡妝臨照台。二公者，皆掉頭不顧，只管傳杯。白雲天竺去來。圖畫裡，崢嶸樓觀開。愛縱橫雙澗，東西水繞，兩峰南北，高下雲堆。逋曰不然，暗香浮動，不若孤山先訪梅。須晴去，訪稼軒未晚，且此徘徊。

5　永瑢等：《四庫全書總目》卷一九九。
6　《白雨齋詞話》，第 35 頁。

據岳珂的《桯史》記載，辛棄疾慕名招劉過，劉因故未能赴邀，以詞代札而答之。作為一篇平常的應酬文字，劉過卻作得憑空出奇。首先是風格之奇，全詞風趣詼諧，把未能赴邀之原因牽連上古人蘇軾、白居易、林逋，說與他們把臂游西湖，飲酒談天，好不快哉，既顧及辛棄疾之盛情及自己對辛的欽慕之心，又不失應有的禮貌。其次是構架之奇，通篇幾乎純用對話銜接，先是劉過自說自話，然後是三位文豪勸其遊杭的各執一詞，最後是劉過的回答，既回答三文豪，也是回答辛棄疾。詞中全沒用通常的點染、勾勒、轉折、銜接等方式。第三是語言之奇，散文化句式、現成詞語的拈取、三位古人詩句的巧妙嵌入，都是劉過打破傳統詞禁忌的突出手法，在這點上，他比蘇、辛的以詩為詞、以文為詞走得更遠。因此，明人王世貞的評介確為不虛：「詞至辛稼軒而變，其源實自蘇長公，至劉改之諸公極矣。」**7**

三、劉仙倫

劉仙倫（生卒年不詳），一名擬，字叔擬，號招山，盧陵（今江西吉安）人。與劉過齊名，人稱「盧陵二士」。劉仙倫亦布衣終身，曾周游湖北江東，過著食客幕僚的生活。他曾因寫詩歌頌岳飛抗金，得到岳飛之孫岳周伯的賞識，特邀他到浙東去。第二年，劉仙倫到會稽，與岳周伯流連數月。岳珂《桯史》稱其「才豪甚」，「新警峭拔，足洗塵腐而空之矣。獨以傷露筋骨，蓋

7　王世貞：《藝苑卮言》附錄卷一。

與改之為一流人物雲。叔擬後亦終韋布，詩多散軼不傳」[8]云云。

劉仙倫詞有《招山小集》一卷，趙萬里《校輯宋金元人詞》輯為《招山樂章》一卷。劉雖沒有直接與辛棄疾交往，詞作風格卻是辛派一路。陳廷焯《雲韶集》評曰：

> 叔擬詞，頗占身分，可即詞以觀志。

又評其《念奴嬌·送張明之赴京西幕》云：

> 此詞議論縱橫，無限感喟，真是壓倒古今。魄力不亞辛稼軒，並貌亦與之仿佛。而一二名貴處，直欲駕而上之。置之稼軒集中，亦是高境。[9]

劉仙倫詞作內容多痛惜中原淪陷，憤慨奸權當道、報國無門，如《念奴嬌·送張明之赴京西幕》：

> 艅艎東下，望西江千里，蒼茫煙水。試問襄州何處是？雉堞連雲天際。叔子殘碑，臥龍陳跡，遺恨斜陽裡。後來人物，如君瑰偉能幾？其肯為我來耶？河陽下士，正自強人意。勿謂時平無事也，便以言兵為諱。眼底山河，樓頭鼓

8　岳珂：《桯史》卷六，文淵閣《四庫全書》本。
9　陳世焜（廷焯）：《雲韶集》卷六，南通王氏晴藹廬鈔本。

角，都是英雄淚。功名機會，要須閒暇先備。

從詞作內容看，當時宋金正處於相持狀態，劉仙倫於此時送朋友到京西幕府，以清醒的頭腦一再勉勵張明之作好戰備，為抵抗侵略、恢復中原立功，表現了作者對國事的關心，極富鼓舞力量。詞中所表達的對祖國命運的關注，和劉過詞中主題甚為一致，而詞中的散文化句法，也顯然和劉過一樣，都與辛棄疾一脈相承。

又《賀新郎·題吳江》：

重喚松江渡。嘆垂虹亭下，銷磨幾番今古！依稀四橋風景在，為問坡仙甚處。但遺愛、沙邊鷗鷺。天水相連蒼茫外，更碧雲去盡山無數。潮正落，日還暮。十年到此長凝佇。恨無人、與共秋風，鱠絲蓴縷。小轉朱弦彈九奏，擬致湘妃伴侶。俄皓月、飛來煙渚。恍若乘槎河漢上，怕客星犯斗蛟龍怒。歌欸乃，過江去。

詞作由蘇軾《青玉案》詞生發，抒寫對蘇軾的懷念，委婉地表達了作者隱居僻壤、無以為伴的孤獨心情。詞情表達委婉含蓄，詞風上頗得辛棄疾的剛柔相濟，堪稱詞中的上乘之作。

第三節 ▶ 格律派詞人姜夔、張輯

格律派詞人姜夔、張輯均為饒州鄱陽（今江西鄱陽縣）人，

時間上稍晚於陸游、辛棄疾。其時南宋偏安的局面已然穩定，文人們對靖康之變已無切膚之痛，詞作內容轉向敘寫自己漂泊的羈旅生活，抒發不為世用的精神苦悶，詞境幽遠清雅，藝術上崇尚雕琢，重視音律，追求典雅，人稱格律派。姜夔為格律派的宗主，張輯為其追隨者。

一、姜夔

姜夔（1155-1221），字堯章，別號拈花惹草白石道人，世稱姜白石。童年失去父母，在漢陽的姐姐家度過了青少年時期。他愛好音樂文學和書法。成年後屢試不第，奔走四方，過著幕僚清客的生活。

其詳細經歷，夏承燾編有《輯傳》，其云：

> 姜夔字堯章，鄱陽人（《本集》）……夔孩幼隨宦，往來沔、鄂幾二十年（《本集》）。淳熙間客湖南，識閩清蕭德藻，德藻工詩，與楊萬里、范成大、陸游、尤袤齊名（楊萬里《誠齋集》《烏程縣志》）。既遇夔，自謂四十年作詩，始得此友（周密《齊東野語》載白石自述）。以其兄之子妻之（陳振孫《直齋書錄解題》、張鎡《南湖集》），攜之同寓湖州。永嘉潘檉字之曰「白石道人」，以所居鄰苕溪之白石洞天也（《本集》）。
>
> 夔少以詞名，能自制曲，初率意為長短句，然後協以律（《本集》）。嘗以楊萬里介，謁范成大於蘇州（《誠齋集》）。成大以為翰墨人品皆似晉宋之雅士（《齊東野語·

白石自述》）……萬里嘗稱其文無不工，甚似陸龜蒙。夔來往蘇杭間，亦頗以龜蒙自擬（《本集》）。並時名流若樓鑰、葉適、京鏜、謝深甫，皆折節與交；朱熹愛其深於禮樂，辛棄疾深服其長短句（參見《齊東野語·白石自述》）。

時南渡已六十載，樂典久墜，士夫多欲講古制以補遺軼。夔於寧宗慶元三年進大樂議及琴瑟考古圖於朝，論當時樂器、樂曲、詩歌之失（《宋史·樂志》）……五年，又上聖宋鐃歌十二章（《本集》）。詔免解與試禮部，不第（《書錄解題》），以布衣終。

夔氣貌若不勝衣，家無立錐，而一飯未嘗無食客。圖書翰墨之藏，汗牛充棟（陳郁《藏一話腴》）……今存有旁譜之詞十七首……亦精賞鑑，工翰墨，辨別法帖，察入苗發（朱彝尊《曝書亭集》）……

張俊之孫曾有名鑑字平甫者居杭州，夔中歲以後，依之十年（《齊東野語·白石自述》）。鑑卒，旅食浙東、嘉興、金陵間（《本集》、吳潛《履齋詩餘》、蘇泂《泠然齋集》）。卒於西湖（《履齋詩餘》），年約六十餘。貧不能殯，吳潛諸人助之葬於錢唐門外西馬塍（《履齋詩餘》《硯北雜誌》）。[10]

---

10 夏承燾：《姜白石詞編年箋校》，上海古籍出版社，1981年版，第1頁。

姜夔以詞著稱，存詞據夏承燾所輯《姜白石詞編年箋校》有八十餘首，在創作成就上，是南宋末期騷雅詞派中最高的作家，在整個詞史上也堪稱卓然大家。前人評價頗高：

世人言詞，必稱北宋，然詞至南宋始極其工，至宋季始極其變。姜堯章氏最為傑出，惜乎《白石樂府》五卷吟僅存二十餘曲也。[11]

嘗以詞譬之畫，畫家以南宗勝北宗，稼軒、後村諸人，詞之北宗也；清真、白石諸人，詞之南宗也。[12]

詞家之有姜石帚，猶詩家之有杜少陵，繼往開來，文中關鍵。[13]

白石為南渡一人，千秋論定，無俟揚榷。[14]

白石長調之妙，冠絕南宋，短章亦有不可及者。[15]

姜堯章，杜少陵也。[16]

姜夔詞依它的內容來分，有感時、抒懷、詠物、戀情、寫景、記游、節序、交游、酬贈等，我們略加敘說。

感慨時事、抒寫身世之感的詞作如：

11　朱彝尊：《曝書亭集》，見《姜白石詞編年箋校》，第 136 頁。

12　厲鶚：《張今涪紅螺詞序》，見《姜白石詞編年箋校》，第 137 頁。

13　宋翔鳳：《樂府餘論》，見《姜白石詞編年箋校》，第 144 頁。

14　馮煦：《蒿庵論詞》，見《姜白石詞編年箋校》，第 147 頁。

15　陳廷焯：《白雨齋詞話》，見《姜白石詞編年箋校》，第 149 頁。

16　張祥齡：《詞論》，見《姜白石詞編年箋校》，第 155 頁。

　　淮左名都，竹西佳處，解鞍少駐初程。過春風十里，盡薺麥青青。自胡馬、窺江去後，廢池喬木，猶厭言兵。漸黃昏，清角吹寒，都在空城。杜郎俊賞，算而今、重到須驚。縱豆蔻詞工，青樓夢好，難賦深情。二十四橋仍在，波心蕩、冷月無聲。念橋邊紅藥，年年知為誰生？（《揚州慢》）

　　疊鼓夜寒，垂燈春淺，匆匆時事如許。倦游歡意少，俯仰悲今古。江淹又吟《恨賦》。記當時、送君南浦。萬里乾坤，百年身世，唯有此情苦。揚州柳垂官路，有輕盈換馬，端正窺戶。酒醒明月下，夢逐潮聲去。文章信美知何用，漫贏得、天涯羈旅。教說與。春來要尋花伴侶。（《玲瓏四犯》）

　　前首以興廢、繁華衰落的對比，表現金人屢屢南侵和宋民積壓的悲憤；後首表現作者懷才不遇、壯志難酬的感慨和身世飄零、居無定所、孤獨淒冷的心境。

　　山水記游、節序詠懷的詞作如：

　　燕雁無心，太湖西畔隨雲去。數峰清苦，商略黃昏雨。第四橋邊，擬共天隨住。今何許。憑欄懷古，殘柳參差舞。（《點絳唇·丁未冬過吳松作》）

　　京洛風流絕代人。因何風絮落溪津。籠鞋淺出鴉頭襪，知是凌波縹緲身。紅乍笑，綠長顰。與誰同度可憐春。鴛鴦獨宿何曾慣，化作西樓一縷雲。（《鷓鴣天·己酉之秋苕溪記所見》）

前首寫詞人途經吳松，想起晚唐詩人陸龜蒙不赴朝廷徵召、隱居松江之事，寄寓自我的身世之慨。後首寫在秋天的吳興苕溪渡口，遇見一位風絮般飄落的京洛風流絕代佳人，表達了作者的憐愛珍惜之情。

　　交游酬贈的詞作如：

　　　　松江煙浦。是千古三高，游衍佳處。須信石湖仙，似鴟夷、翩然引去。浮雲安在，我自愛、綠香紅舞。容與。看世間、幾度今古。盧溝舊曾駐馬，為黃花、閒吟秀句。見說胡兒，也學綸巾欹雨。玉友金蕉，玉人金縷。緩移箏柱。聞好語。明年定在槐府。（《石湖仙·壽石湖居士》）

　　　　與鷗為客，綠野留吟屐。兩行柳陰垂，是當日、仙翁手植。一亭寂寞，煙外帶愁橫，荷苒苒，展涼雲，橫臥虹千尺。才因老盡，秀句君休覓。萬綠正迷人，更愁入、山陽夜笛。百年心事，惟有玉闌知，吟未了，放船回，月下空相憶。（《驀山溪·題錢氏溪月》）

　　姜夔戀情詞較多，有十八九首，據學者考證，姜夔曾幾度游合肥，並與一琵琶妓相愛，這竟成為一生堪堪回憶的往事，曾作多首詞詠寫情事。如：

　　　　肥水東流無盡期。當初不合種相思。夢中未比丹青見，暗裡忽驚山鳥啼。春未綠，鬢先絲。人間別久不成悲。誰教歲歲紅蓮夜，兩處沉吟各自知。（《鷓鴣天·元夕有所夢》）

　　這是一首記夢詞。上片首寫對昔日戀情的「悔恨」，這是因至愛而至痛產生的「悔恨」，再寫夢中無法看清情人的怨恨，足見作者戀情之深熾。下片說別久不成悲，卻又言愁白了鬢髮，可見所謂「不成悲」，是指久別相思，由激情外露轉向深沉內斂，由多愁善感變為隱忍節制，外表是「不成悲」的淡漠與遲鈍，實質上是一種更深藏更沉鬱的悲愁。結尾兩句想像在元宵放燈之夜，對方也在悲苦相思，語極沉痛。全詞深情繾綣，纏綿哀婉，感人至深。

　　姜夔詞最多的是詠物之作，有二三十首之多，其中詠寫梅花的就有十七首，是他作品中分量最多的一類。後來高觀國、史達祖、周密諸人，均愛好姜詞，亦各以詠物擅場。姜夔詠梅詞的代表作為《暗香》《疏影》：

　　　辛亥之冬，予載雪詣石湖。止既月，授簡索句，且征新聲。作此兩曲，石湖把玩不已，使工妓隸習之，音節諧婉，乃名之曰《暗香》《疏影》。

　　　舊時月色，算幾番照我，梅邊吹笛。喚起玉人，不管清寒與攀摘。何遜而今漸老，都忘卻、春風詞筆。但怪得、竹外疏花，香冷入瑤席。江國，正寂寂。嘆寄與路遙，夜雪初積。翠尊易泣。紅萼無言耿相憶。長記曾攜手處，千樹壓、西湖寒碧。又片片、吹盡也，幾時見得。（《暗香》）

　　　苔枝綴玉，有翠禽小小，枝上同宿。客裡相逢，籬角黃昏；無言自倚修竹。昭君不慣胡沙遠，但暗憶、江南江北。想佩環、月夜歸來，化作此花幽獨。猶記深宮舊事，那人正

睡裡，飛近蛾綠。莫似春風，不管盈盈，早與安排金屋。還教一片隨波去，又卻怨、玉龍哀曲。等恁時，重覓幽香，已入小窗橫幅。（《疏影》）

兩首堪為詠梅名作。《暗香》正如題面，側重寫梅的幽香冷豔，寄寓懷人之情，所懷者也許是作者戀人。《疏影》側重寫梅花的稀疏，感傷其凋零，寄寓時事及身世之感。兩詞詠寫物態時，擅從空際中攝取其神理，點染其情韻，並將自己的感受融合進去；抒發情感時，作者又力避直露而求其蘊藉沖淡，因而詞的意境顯得較為朦朧幽靜，筆調空靈。張炎在《詞源》中贊曰：「前無古人，後無來者。自立新意，真為絕唱。」[17]

姜夔詞素以「騷雅」「清空」著稱，前者可見於張炎《詞源》、陸輔之《詞旨》、陳廷焯《白雨齋詞話》等的論定，其內涵指詞的意境高妙，韻味雋永，語言典雅。這種風格主要體現在意境的塑造上。後者是一種既不同於北宋末年以來的綿麗軟媚，又不同於辛派末流的粗獷叫囂的風格。「清空」與蘇軾的清曠不同，特別指姜夔注重「以詩法入詞」，善於以注重鎚煉、講究瘦硬峭拔的江西詩風入詞，因而其清空之中又帶有剛勁之風，所以又稱「清剛」或「清勁」。諸評家論曰：

---

17 張璋、職承讓等編纂：《歷代詞話》，大象出版社，2002 年版，第 198 頁。

　　詞要清空，不要質實。清空則古雅峭拔，質實則凝澀晦昧。姜白石詞如野雲孤飛，去留無跡，吳夢窗詞如七寶樓台，眩人眼目，碎拆下來，不成片段。此清空質實之說……白石詞如《疏影》《暗香》《揚州慢》《一萼紅》《琵琶仙》《探春》《八歸》《淡黃柳》等曲，不惟清空，又且騷雅，讀之使人神觀飛越。[18]

　　姜白石清勁知音，亦未免有生硬處。[19]

　　填詞最雅，無過石帚。[20]

　　姜張諸子，一洗華靡，獨標清綺，如瘦石孤花，清笙幽磬，入其境者疑有仙靈，聞其聲者人人自遠。[21]

　　姜白石詞幽韻冷香，令人挹之無盡，擬諸形容，在樂則琴，在花則梅也。[22]

　　白石詞以清虛為體，而時有陰冷處，格調最高。[23]

　　石帚所作，超脫蹊徑，天籟人力，兩臻絕頂，筆之所至，神韻俱到。[24]

18　張炎：《詞源》，見張璋、職承讓等編纂《歷代詞話》，第 192 頁。

19　沈義父：《樂府指迷》，見張璋、職承讓等編纂《歷代詞話》，第 200 頁。

20　朱彝尊：《詞綜發凡》，見《姜白石詞編年箋校》，第 136 頁。

21　郭麐：《靈芬館詞話》，見《姜白石詞編年箋校》，第 141 頁。

22　劉熙載：《藝概》，見《姜白石詞編年箋校》，第 147 頁。

23　陳廷焯：《白雨齋詞話》，見《姜白石詞編年箋校》，第 148 頁。

24　馮煦：《蒿庵詞論》，見《姜白石詞編年箋校》，第 147 頁。

姜夔詞「騷雅」「清空」風格的形成，主要得力於其獨特的藝術手段。

首先，善於取神遺貌。姜夔詞不論是寫景，還是詠物，都不過多描摹物態，而是攝取其神理，極力點染其情韻，並將自己的感受融合進去，從而達到詞的清空騷雅的意境風格。如上所舉的兩首詠梅之作。

其次，善於使用「中和」手法，將各種題材聚攏於統一風格中去。姜夔寫詞，從不讓七情六欲無節制地發展，往往寫濃愁時用清筆，寫柔情時用健筆，以便將各種感情、各種題材的表達都「中和」到清空或清剛、清勁的風格中，從而達到一種超逸空靈的境界。上引《揚州慢》可為清筆寫濃愁之例。健筆寫柔情的如《長亭怨慢》：

> 漸吹盡、枝頭香絮，是處人家，綠深門戶。遠浦縈回，暮帆零亂、向何許。閱人多矣，誰得似長亭樹。樹若有情時，不會得、青青如此。日暮，望高城不見，只見亂山無數。韋郎去也，怎忘得玉環分付：第一是早早歸來，怕紅萼、無人為主。算空有並刀，難剪離愁千縷。

此詞為告別合肥情侶而寫，本是一段柔情豔事，姜夔寫來卻絕去穠豔雕飾，以清剛峭拔之筆，作敲金戛玉之聲，渾灝流轉，依然深曲動人。

第三，以詩為詞。姜夔善用詩人筆法，又常以江西詩法來鍛煉語言，使詞的語言愈加「騷雅」。

詞中詩語如：

> 淮南皓月冷千山，冥冥歸去無人管。（《踏莎行》）
> 燕雁無心，太湖西畔隨雲去。數峰清苦，商略黃昏雨。
> （《點絳唇》）
> 有玉梅幾樹，背立怨東風。（《玉梅令》）
> 西窗又吹暗雨，為誰頻斷續，相和砧杵。（《齊天樂》）
> 長記曾攜手處，千樹壓西湖寒碧。（《暗香》）
> 虛閣籠寒，小簾通月。（《法曲獻仙音》）
> 池面冰膠，牆腰雪老。（《一萼紅》）

後兩例不僅為詩中之語，還屬於詩中之工對。可見，姜夔作詞同作詩一樣，極重語言的鍛煉化工。與其清空的意境相合，他又特別注重用「冷」字，以「冷」來寫通感。如：

> 淮南皓月冷千山，冥冥歸去無人管。（《踏莎行》）
> 嬌然搖動，冷香飛上詩句。（《念奴嬌》）
> 十畝梅花作雪花，冷香下攜手多時。（《鶯聲繞紅樓》）
> 冷紅葉葉下塘秋。（《憶王孫》）
> 冷雲迷浦，倩誰喚玉妃起舞。（《清波引》）
> 東風冷，香遠茜裙歸。（《小重山令》）
> 月上汀洲冷。（《湘月》）
> 重見冷楓紅舞。（《法曲獻仙音》）
> 月冷龍沙，塵清虎落。（《翠樓吟》）

「冷」字成了姜夔詞最大的語言特色，從而形成一種「幽韻冷香」式的新詞品。

第四，善於以情化景。姜夔有著豐富的審美經驗，能夠在感受、記憶、思考、想像等心理活動的基礎上進行聯想，使情與景交融在一起，尤其善於在結尾處將情化景，使意境更加清空。如：

問後約、空指薔薇，算如此溪山，甚時重至。（《解連環》）

想文君望久，倚竹愁生步羅襪。歸來後，翠尊雙飲，下了珠簾，玲瓏閒看月。（《八歸》）

西山外，曉來還卷，一簾秋霽。（《翠樓吟》）

燕雁無心，太湖西畔隨雲去。數峰清苦，商略黃昏雨。（《點絳唇》）

對於姜夔此種手法，陳廷焯《白雨齋詞話》評曰：

白石長調之妙，冠絕南宋；短章亦有不可及者。如《點絳唇》一闋，通首只寫眼前景物，至結處云：「今何許，憑欄懷古，殘柳參差舞。」感時傷事，只用「今何許」三字提唱，「憑欄懷古」以下，僅以「殘柳」五字詠嘆了之，無窮哀感，都在虛處，令讀者弔古傷今，不能自止，洵推絕

調。[25]

　　姜夔詞創造性地將婉約與豪放兩種詞風融合在一起，以其清剛雅正、沖澹秀潔的風格，一洗流行一時的纖豔靡麗風氣，為雅詞的創作樹立了典範，在詞史上產生了深遠的影響，較之於辛棄疾詞有過之而無不及。具體來看，不僅直接影響了史達祖、吳文英、張炎等人，還下開了清代朱彝尊等浙派詞人的先驅。對此，前人有不少評述：

　　　　近時作詞者，只記周美成、姜堯章等……或曰：美成、堯章以其曉音律，自能撰詞調，故人盛服之。[26]

　　　　詞莫善於姜夔，宗之者張輯、盧祖皋、史達祖、吳文英、蔣捷、王沂孫、張炎、周密、陳允平、張翥、楊基，皆具夔之一體。[27]

　　　　鄱陽姜夔出，句琢字煉，歸於醇雅，於是史達祖、高觀國羽翼之。張輯、吳文英師之於前，趙以夫、蔣捷、周密、陳允衡、王沂孫、張炎、張翥效之於後，譬之於樂，舞箭至於九變，而詞之能事畢矣。[28]

25　《姜白石詞編年箋校》，第149頁。
26　陳模：《懷古錄》，明鈔本。
27　朱彝尊：《黑蝶齋詩餘序》，見《姜白石詞編年箋校》，第136頁。
28　汪森：《詞綜序》，見《姜白石詞編年箋校》，第137頁。

今人夏承燾先生在《論姜白石詞風》中也說：「白石在婉約和豪放兩派之外，另樹『清剛』一幟，以江西詩瘦硬之筆救周邦彥派的軟媚，又以晚唐詩的綿邈風神救蘇辛派粗獷的流弊。」又說：「白石於柳、周和蘇辛兩派之外，在當時實另成為一個派系，這並不是故為強調的話。」[29]

二、張輯

張輯（生卒年不詳），字宗瑞，鄱陽（今江西鄱陽縣）人。張輯有《沁園春》（今澤先生）詞，自序云：「予頃游廬山，愛之，歸結屋馬蹄山中，以廬山書堂為扁，包日庵作記，見稱廬山道人，蓋援涪翁山谷例。黃叔豹謂予居鄱，不應捨近求遠，為更多東澤。黃魯庵詩帖往來，於東澤下加以詩仙二字。近與馮可遷遇於京師，又能節文，號予東仙，自是詩盟遂以為定號。十年之間，習隱事業，略無可記，而江湖之號凡四遷，視人間朝除夕繳者，真可付一笑。」由此可知，他的號有廬山道人、東澤、東澤詩仙、東仙等。

張輯得詩法於姜夔，與馮去非（可遷）交好。黃升《中興以來絕妙詞選》云：「有詞二卷，名《東澤綺語債》，朱湛盧為序，稱其得詩法於姜堯章，世所傳《欸乃集》，皆以為采石月下謫仙復作，不知其又能詞也。其詞皆以篇末之語而立新名云。」[30]

29 《姜白石詞編年箋校》，第 1 頁。
30 黃升：《中興以來絕妙詞選》卷九，《四部備要》本。

　　詞集以「綺語債」命名，意為他所創的新調，寓聲於舊調，所以是向舊調借的債。

　　張輯《東澤綺語債》收詞四十多首，格調幽暢清疏，婉麗清疏，與姜夔是同一個路子。如《月上瓜洲‧寓烏夜啼‧南徐多景樓作》：

　　　　江頭又見新秋，幾多愁？塞草連天何處、是神州？英雄恨，古今淚，水東流。惟有漁竿明月、上瓜洲。

　　作者借寫月下之景，抒發自己報國無門、落魄抑鬱的思想感情，同時，也飽含作者的愛國深情。又如《疏簾淡月‧秋思》：

　　　　梧桐雨細，漸滴作秋聲，被風驚碎。潤逼衣篝，線裊蕙爐沉水。悠悠歲月天涯醉。一分秋、一分憔悴。紫簫吹斷，素箋恨切，夜寒鴻起。
　　　　又何苦、淒涼客裡。負草堂春綠，竹溪空翠。落葉西風，吹老幾番塵世。從前諳盡江湖味。聽商歌、歸輿千里。露侵宿酒，疏簾淡月，照人無寐。

　　詞作寫秋夜的相思苦、羈旅愁，寫得情景交融，深切自然，詞境幽遠清雅，是張輯的代表作之一。本詞在結構上尤具匠心，景與情交互寫來，虛實對照，前後呼應，有一波三折之妙。上下片首尾銜聯，全詞成為完整的統一體。特別是造語遣句，頗得化工之妙，如「秋聲」「被風驚碎」「線裊蕙爐」「一分秋、一分

憔悴」「落葉西風，吹老幾番塵世」等，以詩語入詞，見出詞語的典雅，又人工化巧，看似平淡，實際上十分精警，頗得姜夔神韻。

第四節 ▶ 鳳林詞派詞人劉辰翁等

清代厲鶚作《論詞絕句》云：「送春苦語劉須溪，吟到壺秋句絕奇，不讀鳳林書院體，豈知詞派有江西？」

張璋、職承讓等編纂：《歷代詞話》，第一二六五頁。

這裡提到的「鳳林書院體」指由元代江西盧陵鳳林書院無名氏選輯《名儒草堂詩餘》匯集的詞人群體。《名儒草堂詩餘》的作者大都為南宋遺民，集中作品既繼承了辛派詞人慷慨悲烈、豪宕恢宏的氣度，又延續了南宋末年詞人善用詠物的方式傳遞內心情緒的手法，表情極為深摯。又因集中五十位籍貫可考者有百分之七十為江西籍，詞集具有鮮明的政治指向性和濃郁的地域風格，人們將其稱為「鳳林詞派」或「江西詞派」。

鳳林詞派的代表詞人無疑是劉辰翁。

劉辰翁（1231-1297），別號須溪，南宋盧陵（今江西吉安）人。宋理宗景定三年（1262）進士，因母年老，請為贛州濂溪書院山長。景定五年，應江萬里之邀入福建轉運司幕，不久，又隨江入福建安撫司幕。度宗咸淳元年（1265），為臨安府教授。四年，入江東轉運司幕。五年，為中書省架閣，丁母憂離去。他對專權誤國的賈似道不滿，後來堅決不肯擔任官職。宋亡後，埋頭著書。元成宗大德元年卒。遺著由子劉將孫編為《須溪先生集》，《宋史‧藝文志》著錄為一百卷。清四庫館臣據《永樂大

典》《天下同文集》等書所錄，輯為十卷，另有《須溪先生四景詩集》傳世。

劉辰翁《須溪詞》存詞三百五十餘首，數量不菲。其詞風既蒼涼悲郁，又疏快遒勁，有辛棄疾之氣象，遠較宋末遺民的張炎、周密、王沂孫等人為高。況周頤《蕙風詞話》評曰：

> 須溪詞風格道上似稼軒，情辭跌宕似遺山。有時意筆俱化，純任天倪，竟能略似坡公。往往獨到之處，能以中鋒達意，以中聲赴節。世或目為別調，非知人之言也。
>
> 須溪詞中，間有輕靈婉麗之作。似乎元明已後詞派，導源乎此。詎時代已入元初，風會所趨，不期然而然者耶？[31]

如被人們廣為稱道的「送春」詞之《蘭陵王·丙子送春》：

> 送春去，春去人間無路。秋千外、芳草連天，誰遣風沙暗南浦？依依甚意緒？漫憶海門飛絮。亂鴉過，斗轉城荒，不見來時試燈處。春去，最誰苦？但箭雁沉邊，梁燕無主，杜鵑聲裡長門暮。想玉樹凋土，淚盤如露。咸陽送客屢回顧，斜日未能度。春去，尚來否？正江令恨別，庾信愁賦。二人皆北去，蘇堤盡日風和雨。嘆神游故國，花記前度。人生流落，顧孺子，共夜語。

31　《蕙風詞話·人間詞話》，第 52 頁。

這首詞寫於元軍攻破臨安之後，表達了作者深深的亡國之痛與故國之愛。其最大特色是專主寄託。作者在詞中運用借代和象徵手法來表達自己的思想。如：「春」象徵著南宋王朝，「送春」就是哀悼南宋的滅亡，「飛絮」暗喻南渡的君臣，「無主」的「梁燕」喻南宋臣民，「亂鴉」指代占領臨安的元軍，等等，作者將這些日常所見的感受賦予主觀的感情色彩，充分地烘托出南宋滅亡的悲劇氛圍。為了強調這種氛圍，詞人還運用了不少典故，傷痛哀悼之情和詞中的藝術形象巧妙地融合在一起，達到了交融渾化的藝術效果。

再如《柳梢青‧春感》：

> 鐵馬蒙氈，銀花灑淚，春入愁城。笛裡番腔，街頭戲鼓，不是歡聲。那堪獨坐青燈。思故國，高台月明。輦下風光，山中歲月，海上心情。

這依然是首寄託之詞，題名「春感」，實借節序之變遷，而抒發物非、人非之感。詞之最大特色在於散文短句的入詞，如詞之前三句，寫春來元宵佳節，卻陷入愁城，又聽得笛聲、戲鼓的南腔北調，怒出一句「不是歡聲」，均用四字短語，乾脆利落，斬釘截鐵，又耐人尋味。其抒情則以想像出之，餘音裊裊，纏綿宛轉，悲歌慷慨，在淒切嗚咽的宋末的遺民詞中堪稱別調。

鳳林詞派中還有文天祥、鄧剡、羅志仁、趙文等一大批出類拔萃的詞人。文天祥在前章中已述及，以下分論鄧剡、羅志仁、趙文，以窺「鳳林詞派」之一斑。

鄧剡（1232-1303），又名光薦，字中甫，又號中齋，廬陵（今江西吉安）人。景定三年（1262）進士，為文天祥門友。鄧剡以詩名世，江萬里屢薦不就，後隨文天祥贊募勤王。宋末，元兵至，攜家入閩。端宗即位，廣東制置使趙溍晉辟為干辦官，薦除宣教郎、宗正寺簿。祥興元年（1278）六月，從駕至硓山，除秘書丞，兼權禮部侍郎，遷直學士。宋亡，跳海後被元兵打撈，不得死。元將張弘范禮俘之，與文天祥同押北上，二人共患難於舟中，時相唱和。至建康，鄧剡以病留，文天祥賦詩別之。久之，得放歸。張弘范卒後，其子張珪襲父職，於至元十九年（1282）迎鄧剡師事之。大德七年（1303）卒。有《中齋集》，趙萬里《校輯宋金元人詞》有《中齋詞》一卷。

因為鄧剡獨特的經歷，他的詞堪稱抗元英雄的生命絕唱，黍離麥秀之感，歷歷滿紙，如這首《唐多令》：

雨過水明霞，潮回岸帶沙。葉聲寒，飛透窗紗。懊恨西風催世換，更隨我，落天涯。寂寞古豪華，烏衣日又斜。說興亡，燕入誰家？惟有南來無數雁，和明月，宿蘆花。

江山板蕩，大廈傾覆，過去的錦繡繁華，多被亡國的沉痛掩蓋，而自己的滿膺忠憤，也只能明月蘆花一樣寂寞。全詞沉鬱而婉轉，痛則拙，傷則大，家國之思則重，當是崖山以後，許多仁人志士的心靈寫照！

羅志仁（生卒年不詳），字壽可，號壺秋，清江（今江西樟樹）人。度宗咸淳九年（1273）預鄉薦，第二年上春官。因國事

當頭，無心仕途而歸。曾因寫詩頌讚文天祥、譏諷留夢炎而幾欲獲罪，後得幸免。元世祖至元二十四年（1287）應薦為天長書院山長。清同治版《清江縣志》卷八有傳。

相較於文天祥、鄧剡的抗元之詞，羅志仁詞僅能稱為遺民之詞，其詞多抒發亡宋的遺民之恨，如：

> 濕苔青，妖血碧，壞垣紅。怕精靈、來往相逢。荒煙瓦礫，寶釵零亂隱鸞龍。吳峰越巘，翠鬟鎖、苦為誰容。浮屠換、昭陽殿，僧磬改、景陽鐘。興亡事、淚老金銅。驪山廢盡，更無宮女說元宗。角聲起，海濤落，滿眼秋風。（《金人捧露盤·丙午錢塘》）

> 危樹摧紅，斷磚埋玉，定王臺下園林。聽檣干燕子，訴別後驚心。盡江上、青峰好在，可憐曾是，野燒痕深。付瀟湘漁笛，吹殘今古鎖沉。

> 妙奴不見，縱秦郎、誰更知音。正雁妾悲歌，雕奚醉舞，楚戶停砧。化碧舊愁何處，魂歸些、晚日陰陰。渺雲平鐵壘，淒涼天也沾襟。（《揚州慢》）

詞人將無限悲涼之意、忠憤至情，一寓於戰後的「荒煙瓦礫」「斷磚埋玉」間。

趙文也是「鳳林詞派」的重要作家之一。趙文（1239-1315），字儀可，一字惟恭，號青山，廬陵（今江西吉安）人。在宋為國學上舍生，曾冒姓宋，名宋永，從弟名宋安，字功可。兄弟以文章齊名，號二趙先生。趙文嘗三貢於鄉，後復本姓，入

學為上舍，由國學上舍仕南雄府教授，後入文天祥幕抗元。入元曾隱居不仕，後出為東湖書院山長，不久授南雄儒學教授。有文集《青山集》八卷，詞作三十一首。

趙文的詞，很大部分是寫家國淪亡之感的，這在《鶯啼序·有感》一詞中表現得最為突出：

> 秋風又吹華髮，怪流光暗度，最可恨、木落山空，故國芳草何處。看前古、興亡墮淚，誰知歷歷今如古。聽吳兒唱徹，庭花又翻新譜。腸斷江南，庾信最苦，有何人共賦。天又遠，雲海茫茫，鱗鴻似夢無據。怨東風、不如人意，珠履散、寶釵何許。想故人、月下沉吟，此時誰訴。

> 吾生已矣，如此江山，又何懷故宇。不恨賦歸遲，歸計大誤。當時只合雲龍，飄飄平楚。男兒死耳，嚶嚶呢呢，丁寧賣履分香事，又何如、化作胥潮去。東君豈是無能，成敗歸來，手種瓜圃。膏殘夜久，月落山寒，相對耿無語。恨前此、燕丹計早，荊慶才疏，易水衣冠，總成塵土。鬥雞走狗，呼盧蹴鞠，平生把臂江湖舊，約何時、共話連床雨。王孫招不歸來，自采黃花，醉扶山路。

《鶯啼序》詞牌始創於吳文英，原本用於敘寫男女情事，但趙文卻將家國淪亡之感注入其中，無論從詞牌的體式還是詞境來說，這都是一種突破。趙文此詞以「秋風又吹華髮，怪流光暗度」總領全詞，先直寫亡國之恨，次言江南無人可與共訴亡國之恨，最後寫自己在「如此江山」面前，亦無回天之力，只有「醉

扶山路」。將家國淪亡之恨，一嘆三轉，寫得悲壯沉鬱而極顯其愛國情濃、亡國恨深。再如：

> 又海棠開後，樓上倍覺春寒。綠葉潤，雨初乾。愛遠樹團團。當時剩買名花種，那信付與誰看。十載事，土花漫。但青得闌干。悲歡。思人世、真如一夢，留不住、城頭日殘。看眼底、西湖過了，又還見、趙舞燕歌，抹粉涂丹。憑君更酌，後日重來，直是晴難。（《塞翁吟·黃園感事》）

> 綠楊深似雨。西湖上、舊日情絲恨縷。風流似張緒。羨春風依舊，年年眉嫵。宮腰楚楚。倚畫闌、曾鬥妙舞。想而今似我，零落天涯，卻悔相妒。痛絕長秋去後，楊白花飛，舊腔誰譜。年光暗度。淒涼事，不堪訴。記菩提寺路，段家橋水，何時重到夢處。況柔條老去，爭奈系春不住。（《瑞鶴仙·劉氏園西湖柳》）

兩首詞均通過追憶，抒寫作者的家國淪亡之感及其痛絕之情。

作為宋代江西詞壇的最後一批詞人，劉辰翁與鳳林詞派的詞人們一起，以悲壯激越的創作風格，共同奠定了宋元之際愛國詞人的群體風貌，以有別於風雅詞派的風格，給宋末詞壇劃上了光輝的句號。

參考文獻

1. 北京大學古文獻研究所編：《全宋詩》，北京大學出版社，1998 年版。

2. 陳岩肖：《庚溪詩話》，中華書局版《歷代詩話續編》本。

3. 陳廷焯著，杜維沫校點：《白雨齋詞話》，人民文學出版社，1959 年版。

4. 陳衍：《石遺室詩話》，上海書店版《民國詩話叢編》本。

5. 陳良運：《中國詩學體系論》，中國社會科學出版社，1992 年版。

6. 程毅中編：《宋人詩話外編》，國際文化出版公司，1996 年版。

7. 鄧廣銘箋注：《稼軒詞編年箋注》，上海古籍出版社，1993 年版。

8. 都穆：《南濠詩話》，中華書局版《歷代詩話續編》本。

9. 方回選評，李慶甲集評校點：《瀛奎律髓》，上海古籍出版社，1986 年版。

10. 方東樹著，汪紹楹校點：《昭昧詹言》，人民文學出版社，1984 年版。

11. 郭紹虞輯：《宋詩話輯佚》，中華書局，1980 年版。

12. 賀裳：《載酒園詩話》，上海古籍出版社版《清詩話續編》本版。

13. 胡仔纂集，廖德明校點：《苕溪漁隱叢話》，人民文學出版社，1981 年版。

14. 胡應麟：《詩藪》，中華書局，1958 年版。

15. 厲鶚：《宋詩紀事》，上海古籍出版社，1983 年版。

16.劉辰翁著，蕭逸校點：《須溪詞》，上海古籍出版社，1988 年版。

17.劉過著，王從仁點校：《龍洲詞》，上海古籍出版社，1988 年版。

18.錢鍾書：《宋詩選注》，人民文學出版社，1958 年版。

19.錢鍾書：《談藝錄》，中華書局，1984 年版。

20.錢仲聯編校：《陳衍詩論合集》，福建人民出版社，1999 年版。

21.唐圭璋編：《全宋詞》，中華書局，1979 年版。

22.唐圭璋：《詞話叢編》，中華書局，1986 年版。

23.脫脫等：《宋史》，中華書局，1985 年版。

24.吳文治主編：《宋詩話全編》，江蘇古籍出版社，1997 年版。

第四章

元代江西詩人

在元代仁宗延祐（1314-1320）以後，出現了元代詩文的一
個興盛期，其代表作家就是號稱「元四家」的虞集、楊載、范
梈、揭傒斯，四家中除楊載外，其餘三家皆為江西作家，尤以虞
集成就最高。他們皆以唐人為宗，雖然在風格特徵上略有差異，
如虞集說自己的詩如「漢廷老吏」，范詩如「唐臨晉帖」，揭詩
如「三日新婦」，但在總體的審美情趣上則趨向於一致，即追求
詞采的雄麗、語言的工整及音律的協和，較之宋代江西詩詞，略
為缺乏個性的張揚和縱恣，但亦有一些可觀之處。除這三家外，
還有元前期的劉壎、熊朋來、程鉅夫、吳澄、劉將孫及中、後期
的周廷震、周伯琦、危素、梁寅、傅若金等，他們在元代詩壇上
也占有一席地位。

第一節 ▶ 虞集

虞集（1272-1348），字伯生，號道園，世稱邵庵先生，崇仁
（今江西崇仁）人，原籍四川仁壽。南宋丞相虞允文五世孫，宋
亡後遷居江西。早年受家學熏陶，頗通經史、性理之學。大德初

至京師，薦授大都路儒學教授，歷官至秘書少監、翰林直學士兼國子祭酒、奎章閣侍書學士。曾奉旨修撰《經世大典》，晚年謝病回歸臨川。卒諡文靖。著有《道園學古錄》《道園遺稿》等。據《元史·虞集傳》記載，在延祐（1314-1320）、至順（1330-1332）間，他是大都最負盛名的文人，「一時宗廟朝廷之典冊，公卿大夫之碑版咸出其手」[1]。

虞集學問淵博，探研精微，但拘守儒學道統，主張詩歌要溫厚平和而不失聲韻光彩之美，所以他的詩風如「漢廷老吏」般於典雅精切中顯沉雄老辣。他歷數朝而均受優寵，詩歌中多頌美之作，但仍有不少詩作帶有歷史興亡的感慨和哀傷，表現出較強的民族意識。如《挽文文山丞相》：

　　徒把金戈挽落暉，南冠無奈北風吹。子房本為韓仇出，諸葛寧知漢祚移。雲暗鼎湖龍去遠，月明華表鶴歸遲。何須更上新亭望，大不如前灑淚時。

詩中頌揚了南宋忠臣文天祥寧死不屈的英雄氣概和高尚節操，並對其充滿了痛心與哀悼，文字亦流暢宛轉。另有《至正改元辛巳寒食日示弟及諸子侄》之二，也流露出同樣的思想感情：

　　江山信美非吾土，飄泊棲遲近百年。山舍墓田同水曲，

1　宋濂等：《元史》卷一八一，中華書局，1976年版。

不堪夢覺聽啼鵑。

虞集生二歲而宋已亡，但由於元代民族關係緊張，以致在作品中表露出民族意識，顯示了歷史遺恨和種族歧視給漢族知識分子帶來的心靈創傷。

虞集有些詩還寫到了民生疾苦，如《次韻陳溪山櫻履》：

> 六月乃屢雨，良田不憂槁。獨念桂林戍，觸熱赴南討。道路備攘掠，所過淨於掃。縛人夜送軍，吏卒何草草。蠻獠亦人類，義利啟戎好。尋原可制亂，機要貴及早。夜來送者還，頗言渴橫道。諸軍四面集，同月約皆造。誰為飢渴謀，性命安可保？藜藿可滿榖，對之令人老。

詩作表達了對元統治者推行的民族仇殺政策的強烈不滿，指出兵戎相加只能給人民帶來深重的苦難，「誰為飢渴謀，性命安可保？」表現了他對勞動人民悲慘境遇的同情和憂慮。

虞集生長在社會和平安定時期，因此集中以清和淡遠的寫景小詩為多，呈現出一派承平氣象，如《無題》詩表現一種朦朧的境界，《聞機杼》《題柯敬仲雜畫十首》則呈現雅淡的畫面，《臘日偶題》《聽雨》《山水圖》《宮詞》等給人一種安詳幽靜印象。我們略舉一二：

> 雨過蒼苔石，雲生野岸泉。幽懷春冉冉，稚子秀娟娟。
> （《題柯敬仲雜畫十首》之二）

屏風圍坐鬢鬖鬖，絳蠟搖光照暮酣。京國多年情盡改，
忽聽春雨憶江南。（《聽雨》）

泛舟桑落浦，望見香爐峰。野水常欹樹，山雲不礙鐘。
桃源攜客覓，松徑與僧逢。為托荊關輩，添予九節筇。（《山
水圖》）

虞集也長於詞，現存三十餘首，大都敘述個人閒愁情思，缺
乏社會生活內容，景物描寫亦平平無特色。只有《風入松》一詞
引人注目，主要抒寫在朝時的鄉關之思：

畫堂紅袖倚清酣，華髮不勝簪。幾回晚直金鑾殿，東風
軟、花裡停驂。書詔許傳宮燭，輕羅初試朝衫。御溝冰泮水
挼藍，飛燕語呢喃。重重簾幕寒猶在，憑誰寄銀字泥緘。為
報先生歸也，杏花春雨江南。

詞中結句「杏花春雨江南」，十分精練和形象地渲染出江南
的春景，著實令人神往，歷來被視為詞壇名句。據說和他同時的
詩人陳旅、張起岩都很欣賞這首詞，而當時機坊還把它織在羅帖
上，作為藝術品供人賞玩。

第二節 ▶ 范梈

范梈（1272-1330），字亨父，一字德機，人稱「文白先
生」。清江（今江西樟樹）人。少聰穎，過目成誦，善詩能文，

但家貧早孤，由母教養成人。年三十六離家北游，「賣卜燕市」，名動京師，御史中丞董士選聘為家庭教師。後由朝臣薦為佐衛教授，遷翰林院編修。任滿後，由御史台提升為海南海北道廉訪司照磨，後提升為閩海道知事，一三二九年，授湖南嶺北道廉訪司經歷，以母老未赴任。次年病卒。著有《范德機詩集》等。

顧嗣立《元詩選・丁集・德機集》云：

> （椁）家貧早孤，刻苦為文章，人罕知者。年三十六，辭家北游，賣卜燕市。薦為左衛教授，遷翰林院編修官。出為嶺海廉訪司照磨，歷轉江西湖東，選充翰林應奉，改閩海道知事，移疾歸。徙家新喻百丈山。天歷二年，授湖南嶺北廉訪經歷，親老不赴。其明年以母喪哀毀卒，年五十九。德機癯然清寒，若不勝衣，而持身廉正。為文雄健，追慕先漢古詩，尤好為歌行，工近體，藹然見忠臣孝子之情焉。吳文正嘗以東漢諸君子擬之。人稱文白先生。所著有《燕然稿》《東方稿》《海康稿》《豫章稿》《侯官稿》《江夏稿》《百丈稿》，總十二卷，揭曼碩序之。[2]

范椁《范德機詩》共七卷，輯詩五五七首，其主要內容有：（1）反映社會民生。據《元史》記載，范椁「巡歷遐僻，

2　顧嗣立：《元詩選・丁集・德機集》，中華書局，1987 年版，第 980 頁。

第三編・宋元江西詩詞（下）

437

不憚風波瘴癘，所至興學教民，雪理冤滯甚眾」[3]，其持身廉正，詩中對民生疾苦、社會弊病有所反映。如《閩州歌》：

閩州土俗戶不分，生子數歲學繡文。圍繡坐肆雜男女，誰問小年曾識君。古來夜行斯秉燭，今者衢路走紛紛。那更誅求使者急，鞭箠一似雞羊群。古來閨閣佩箴管，今者女工征六軍。雖復太平少征戰，設有備豫將何云。去年居作匠五千，耗費府藏猶煙雲。官胥掊克常十八，況以鳩斂奪耕耘。只今棄置半不用，民勞竟是誰歡欣？歲歲條章省煩費，幸且不省無方殷。唐虞在上儉且勤，後王猶復錦繡焚。豈有夔龍讓姚宋，不言忍使憂心熏。觀風自是使者職，作歌雖遠天應聞。

范梈在任福州閩海道知事時，目睹了文繡局女工的不幸，寫下此詩。詩中揭露了官吏們欺壓百姓的罪行，對包括文繡女工在內的工匠們的勞苦給予了深切的同情。他並表示作此歌是為上達天聽，為民請命，體現了作者耿介正直、關心民瘼的品德。

（2）表現南疆風情。范梈曾出官閩粵，詩多反映南國風光，貶謫宦情。如《郡中即事十二韻》：

儋耳九州外，邈然在南荒。周回數千里，大海以為疆。

　　3　《元史》卷一八一。

古來非人居，禽獸相伏藏。自從中世來，貢賦登明堂。其或失撫馭，山藪更陸梁。聚則成蜂蟻，散即驅牛羊。高結舞大髻，上衣不備裳。殺戮乃酬勸，誅之仁者傷。吾嘗七八月，持節泛滄浪。一旬錄郡獄，詢事考纖芒。問之守郡人，莫識為治方。但見西風多，廨宇秋蕪長。聖哲戒忠信，勿謂不足行。及茲蠻貊邦，始見斯道臧。

（3）酬唱題詠。范梈詩中較多的是酬唱題詠之詩，這從其詩題中多用「訪、題、贈、寄、和、謁、奉、悼、省親、書懷、詠古、登山、臨水」之詞可窺一斑，這些詩作多描寫個人日常生活及應酬之作，但也隱約地表達了他處世的廉正態度。如：

契闊邈如許，淹留空復情。天遙一鶴上，山合百蟲鳴。異路嗟何適？冥棲得此生。平居二三子，今夜隔重城。（《盧師東谷懷城中諸友》）

舊識先生隱者流，偶因圖畫想滄洲。斷雲滿路碧窗晚，明月何年青嶂秋。世故風塵雙短屐，生涯天地一扁舟。何由白石空磯畔，招得人間萬戶侯。（《題黃隱君秋江釣月圖》）

黃落薊門秋，飄飄在遠游。不眠聞戍鼓，多病憶歸舟。甘雨從昏過，繁星達曙流。鄉逢徐孺子，萬口薄南州。（《京下思歸》）

詩作均寫得情感真摯，格調清新，富有情致。
范梈好歌行，工近體，取法李杜。其詩歌風格既雅正雄健、

豪宕清道，又清微妙遠、刻峭洗練，不拘一格。揭傒斯在《范先生詩序》中說：

范德機詩如秋空行雲，晴雷卷雨，縱橫變化，出入無朕。又如空山道者，辟穀學仙，瘦骨峻嶒，神氣自若。又如豪鷹掠野，獨鶴叫群，四顧無人，一碧萬里，差有可仿佛耳。[4]

顧嗣立《元詩選·總論》也說：

德機天骨開張，揮斥變化，俊逸則學青蓮，鍛煉則摹工部，長篇近體，皆有淵源。[5]

第三節 ▶ 揭傒斯

揭傒斯（1274-1344），字曼碩，龍興富州（今江西豐城市）人。父來成，宋朝進士。宋亡後在家鄉授徒自業。因家境貧苦，傒斯未能入學，以父為師，刻苦讀書，晝夜不懈。青年時，曾隨父遠游他鄉，歷湖南、湖北等地。延祐初，以薦舉授翰林國史院編修，後遷應奉翰林文字，累官至翰林侍講學士。至正三年

4　揭傒斯：《揭文安公文粹》，中華書局，1985 年版，第 69 頁。
5　顧嗣立：《元詩選·總論》，中華書局，1987 年版。

（1343），奉詔修宋、遼、金三史，為總裁官之一，時年七十。次年因寒疾卒於史館，後追封豫章郡公，謚文安。著有《揭文安公全集》十四卷，補遺一卷。詩論《詩宗正法眼藏》，集中體現了他的詩學觀點。揭傒斯與虞集、范梈、楊載齊名。其文章敘事嚴整，語簡而當。凡朝廷大典冊及碑版之文，多出其手，一時推為鉅制。《元史》本傳有其生平記載，顧嗣立《元詩選・丁集・秋宜集》亦有其小傳，其云：

> （傒斯）幼貧，讀書刻苦。大德間，稍出游湘漢。湖南帥趙淇素號知人，謂之曰：「君，他日翰苑名流也。」程鉅夫、盧摯先後為憲長，亦皆器重之。鉅夫因妻以從妹焉。延祐初，薦授翰林國史院編修官，遷應奉翰林文字，前後三入翰林。天曆初，開奎章閣，首擢授經郎，與修《經世大典》。累進翰林侍講學士，同知經筵事。至正初，詔修宋、遼、金三史，與為總裁官。卒，年七十一，追封豫章郡公，謚曰文安。曼碩初入史館，平章李文忠公孟讀其所撰《功臣傳》嘆曰：「是方可名史筆。若他人，直謄吏牘耳。」既復受知於王樞密約、趙承旨孟頫、元學士明善，東南文望如四明袁桷、巴西鄧文原、蜀郡虞集。有盛名於公卿間。曼碩與清江范梈、浦城楊載繼至，翰墨往復，更相酬唱，曼碩在諸賢中，敘事嚴整，語簡而當。一時朝廷典冊及元勳茂德當得銘辭者，必以命焉。殊方絕域，共慕其名，得其文者，莫不以為榮。善楷法，尤工行草。詩長於古樂府選體，而律詩長句偉然有唐人風。所著曰《秋宜集》。虞學士評其詩，謂

「如三日新婦」，又謂「如美女簪花」，殆即史所稱清婉麗密
者歟！**6**

　　在元詩四大家中，揭傒斯思想情感較為接近下層平民。他有
不少詩作反映民生的疾苦，表現了傷時憂民之情。如：

　　　　近聞閩中瘴大作，不間村原與城郭。全家十口一朝空，
　　忍飢種稻無人獲。共言海上列城好，地冷風清若蓬島。不見
　　前年東海頭，一夜潮來跡如掃。（《雨述三篇》之二）
　　　　我本朱氏女，住在臨川城。五歲父乃死，天復令我盲。
　　母兄日困窮，何以資我身？一朝聞密言，與盲出東門。不見
　　所向途，但聞風雨聲。我母為之泣，我鄰為之嘆。我母本慈
　　愛，我兄亦艱勤。所驅病與貧，遂使移中情。（《臨川女》）
　　　　請述江南事，都非大德前……況復兵飢接，仍聞病癘
　　纏。誅求殊未已，蠻賊轉相挺。若擬寬憂顧，先須解倒懸。
　　（《奉送全平章赴江西》）

　　詩作寫出了天災人禍帶給人民的深重苦難，甚至由於貧困和
環境的逼迫，人性走向異化的悲劇。
　　再如《楊柳青謠》：

　　6　顧嗣立：《元詩選·丁集·秋宜集》，第1041頁。

連年水旱更無蠶，丁力夫徭百不堪。惟有河邊守墳墓，數株高樹曉相參。

對遭受天災人禍雙重夾擊下的勞動人民寄予了深切的同情。

揭傒斯詩作往往在反映民生疾苦的同時，將其中的社會弊端予以揭示，如《大飢行》：

去年旱毀才五六，今年家家食無粟。高囷大廩閉不開，朝為骨肉暮成哭。官雖差官遍里閭，貪廉異政致澤殊。公家賑粟粟有數，安得盡及鄉民居。前日殺人南山下，昨日開倉山北舍。捐軀棄命不復論，獲者如囚走如赦。豪家不仁誠可罪，民主稔惡何由悔。

詩作寫飢荒年月中人民所遭受的苦難，但作者不是停留在一般的同情與泛泛的憐憫，而是旨在揭示旱災並非戕害人民的唯一「禍首」，真正使人民置於水火之中的，更多的是人為的因素。這類詩作在元代中期詩壇上顯得尤為精警深刻。再如《故中憲大夫嶺北行省左右司郎中蘇公志道哀詩》，就更加直接地以詩作傳，褒忠斥奸了：

駸尋延祐中，權相擅天位。磨牙吮人血，掉尾恣狂猘。戕賊骨肉親，迫逐見危墜。天人共震怒，降災及茲地。大雪深丈餘，人馬相枕斃。重為朝廷憂，夙夜靡寧志……蘇公拜郎中，即日辭九陛。厚祿非所榮，高爵非所貴。彼民亦天

民，安得皆坐視。兼程到官所，發廩急周濟。死者何嗟及，存者再生遂……至今賴長策，當時已多忌。如何方賜環，及國竟長逝。（《故左右司郎中蘇公志道哀詩》）

作為封建時代的士大夫，揭傒斯詩集依然以贈酬題詠之作為多，如：

疏星凍霜空，流月濕林薄。虛館人不眠，時聞一葉落。
（《寒夜》）
高花開幾點，滄靄拂成衣。遙瞻應不見，相對尚依稀。
（《題風煙雪月四梅圖》之二）
顥氣自澄穆，碧波還蕩漾。應有凌風人，吹笛君山上。
（《洞庭秋月》）
天寒關塞遠，水落洲渚闊。已逐夕陽低，還向黃蘆沒。
（《平沙落雁》）
朝送山僧去，暮喚山僧歸。相喚復相送，山露濕人衣。
（《煙寺晚鐘》）

這些詩作清麗婉轉，別饒風韻，境界高逸，遠離塵俗，表現了揭傒斯的士大夫生活情調。

揭傒斯詩長於古樂府選體，五、七言律清婉麗密，有「三日新婦」「美女簪花」之喻。《元史·揭傒斯傳》稱其：

為文章敘事嚴整，語簡而當，詩尤清婉麗密。**7**

《四庫全書總目提要》也認為：

> 獨於詩則清麗婉轉，別饒風致，與其文如出二手。然神骨秀削，寄托自深，要非嫣紅姹紫徒矜姿媚者所可比也。**8**

大致說來，「元代四大家」中的江西三人之詩異中有同，同中有異，正如前文所提到的虞集說自己的詩如「漢廷老吏」，范詩如「唐臨晉帖」，揭詩如「三日新婦」，明代胡應麟的《詩藪》還曾進一步解釋這三個比喻為「悍而蒼」「近而肖」和「鮮而麗」。這些比喻，雖未必完全恰當，亦多少能反映出元代這三大家不同的風格。

第四節 ▶ 元代其他詩人

除虞集等三大家之外，還有不少江西詩人在元代詩壇上也占有一席地位。前期主要有劉壎、熊朋來、程鉅夫、吳澄、劉將孫等，他們比較注重藝術，風格偏於清婉秀雅；中、後期主要有周廷震、周伯琦、危素、梁寅、傅若金等，他們則多受虞集、范梈

7　宋濂等：《元史》卷一八一。
8　《四庫全書總目》卷一六七。

等人的影響，較為典雅精切、風流俊賞。

一、元代前期

元前期的江西詩人主要有劉壎、熊朋來、程鉅夫、吳澄、劉將孫等。

劉壎（1240-1319），字起潛，號水村，南豐（今江西南豐）人。少孤好學，懷儒業之志，不願混跡仕途。宋亡後，在本州興辦學校，注重道德修養，嚴格教學要求。五十五歲後方入仕，始署建昌路學正，七十歲遷為延平路學（今福建南平）教授。著有《隱居通議》三十一卷、《水雲村稿》十五卷、《補史十忠詩》一卷等。

劉壎作詩強調「詩以厚倫美化為主」（《補史十忠詩》），加之他親歷亡國之痛，所以他的詩歌多歌頌歷史上的忠臣義士，特別是他專門創作的《補史十忠詩》，如：

士有守節死，豈以責武夫。武夫尚能奇，消得銀管書。何許熊虎英，鐵面美髯鬚。護寒久枕戈，赴難甘殞軀。金山定活著，志願嗟違初。江山集群策，炎精回一噓。間關瘴海嶺，萬死存趙孤。時也可奈何，北風散檣烏。漂漂竟何之，無乃膏鯨魚。渭濱多貴將，反笑斯人迂。（《補史十忠詩·少傅樞密使張公世傑》）

三巳甘退休，十連起遲暮。伊誰急求子，流落乃不怒。黑云來如山，殺氣震平楚。恭惟君父命，封疆以身護。闔門義不辱，呼卒汝善處。飛魂隨劍光，自己投火去。天泣鬼神

愁，地搖山岳僕。吾非苞柱厲，敢以死丑主。正自常事耳，命義逃安所。沖遠誰與儔，睢陽有張許。（《補史十忠詩‧知潭州湖南安撫使李公芾》）

《補史十忠詩》每首十韻，五言句式，主要表現宋末李芾、趙卯發、文天祥、陸秀夫、江萬里及其弟江萬頃、密佑、李庭芝、陳文龍、張世傑、張玨等忠臣良將「護寒久枕戈，赴難甘捐軀」的英雄氣概和獻身精神。

劉壎其他詩亦往往含蓄委婉地表達故國之思，具有義深理長、風骨蒼勁的特點。如《燕》：

萬里來從海外村，定巢時聽語頻頻。簾風半卷重門曉，社雨初晴二月春。尾上繫詩成往事，掌中學舞是前身。華堂茅屋依然坐，幾處相逢舊主人。

詩作因襲古人借燕以詠興亡之事，但卻直接點明春燕歸來時華屋依然，舊主難尋，寓意江山之易主，極顯其亡國之悲愴。

劉壎還創作了不少詞，其內容與詩類似，常曲折委婉地表達故國之思。如：

故園青草依然綠，故宮廢址空喬木。狐兔穴巖城，悠悠萬感生。胡笳吹漢月，北語南人說。紅紫鬧東風，湖山一夢中。（《菩薩蠻‧和詹天游》）

青鳥西沉，彩鸞北去，月冷河橋。夢事荒涼，垂楊暗

老，幾度魂消。

　　雲邊音信已迢迢，把楚些、憑誰為招。萬疊清愁，西風橫笛，吹落寒潮。（《柳梢青》）

　　詞作或思故園或借閨怨的形式，均寄托了對故國的眷戀之情，詞作辭采清麗，格調淒冷而意境深邃。

　　程鉅夫（1249-1318），初名文海，以字行，號雪樓，又號遠齋。建昌路南城（今江西南城縣）人。少與吳澄同學。宋末從季父飛卿入元，遂留宿衛。元世祖至元初年，授宣武將軍，管軍千戶。世祖試以筆札，令應奉翰林文字，不久改授翰林修撰，遷集賢直學士，兼秘書監。至元二十四年（1287），授侍御史，行御史台事。至元三十年（1293），出為閩海道肅政廉訪使。大德四年（1300），遷江南湖北道。至大元年（1308），修《成宗實錄》。皇慶元年（1312），修《武宗實錄》。後以病乞歸田裡，特授光祿大夫。居家三年卒，追封楚國公，謚文憲。有《雪樓集》三十卷。

　　程鉅夫為四朝元老，以文著稱，詩作亦磊落俊偉，氣格遒勁，尤擅七言，如：

　　闕下相看未忍分，過門誰料不逢君。竟參華省江南去，定有新聲天上聞。夜靜每勞瞻紫氣，春深幾欲和停雲。豫章台下南歸路，何日論心到夕曛。（《寄鄭信卿參政》）

　　半生事業竟何成，冷笑猶然愧宋榮。日逐黃塵雙袂暗，夢回綠幕一燈明。交情款款知君厚，佳句翩翩使我驚。皓首

相期崇令德，殷勤遠寄白絲行。（《次韻寄謝旴江學院諸先輩》）

前詩寫自己選賢任能以報國君知遇之恩的心情，溫厚典雅；後詩慨嘆自己功業無成，愧對先輩，又表欽佩之意，款款情深。

程鉅夫亦能詞，今存詞五十六首，題材較單一，多為壽詞，但亦清麗，含蘊時間逝去、功業無成的淡淡的憂傷。如：

報梅開處，又報君初度。冰雪種，瓊瑤樹。重逢仍嫵媚，方發非遲暮。春滿面，廣平消得平生賦。觀裡桃應妒，無耐冰霜冱。香不斷，清如許。從教吹笛裂，自有和羹具。花會否，明年相見沙堤路。（《千秋歲·壽劉中庵》）

吳澄（1249-1333），字幼清，晚年改字伯清，號草廬。撫州崇仁（今江西崇仁）人，學者稱之為草廬先生。宋度宗咸淳六年（1270），應鄉貢中選；次年，就試禮部，落第。授徒於鄉里，作草屋以居，程鉅夫題名為「草廬」，因此被稱為草廬先生。入元後，避兵亂隱居樂安布水谷，從事著述，至元二十年（1283），還居草廬。程鉅夫奉詔求賢，征吳氏入京，歷元七朝，歷任翰林文字、江西儒學副提舉、國子監丞、國子監司業，遷翰林學士，進階太中大夫，泰定帝開經筵，澄為講官。敕修《英宗實錄》。元統元年（1333），因病卒，追封臨川郡公，諡「文正」。有《吳文正集》百卷。

吳澄論詩，崇尚真情性，有寄托，這也是他作詩的理論指

導。因此，他詩中詠史懷古題材較多，常常借詠史以抒懷。如：

> 波流萬斛忠臣淚，遺跡千年采石磯。南北於今失天限，
> 江山如昨愴人非。新潮寂寞陰風怒，舊冢荒涼落月輝。一去
> 不來虞雍國，當時渡馬更秋肥。（《采石渡》）
>
> 含嘯沔陽春，孫曹不敢臣。若無三顧主，何地著斯人。
> （《題諸葛武侯畫像》）
>
> 黃屋巍巍萬乘尊，千秋游子故鄉魂。韓彭自取夷三族，
> 平勃那堪托後昆。《湛露》迄今王跡熄，大風終古霸心存。
> 當時盡自規模遠，誰起河汾與細論。（《歌風台》）

詩作或感慨歷史興亡難以預測，或慨嘆江山依舊人事已非，
具有一種世事滄桑的沉痛之感。

吳澄亦作有一些題詠山水、書畫的詩作，這類詩往往能跳出
理學藩籬，施巧思，抒逸情，或清婉超逸，或俊雄挺拔。如：

> 遠樹疏林映晚霞，江心雁影度平沙。誰人寫我村居樂，
> 付與岩泉處士家。（《題山水圖》）
>
> 泗堤四望盡平原，叢葦荒茅十室煙。淮北更無生草地，
> 江南已是落花天。陰風洶洶浮孤艇，春雨濛濛冥一川。只有
> 漁翁猶世業，長蓑短笠淺灘前。（《泗河》）
>
> 狂風吹人渾欲倒，瑟瑟寒聲動秋草。捫蘿徑上磯頭山，
> 萬頃江湖波浩渺。怒鱗雲鬣奔騰來，眩目快心千樣好。向曾
> 觀海難為觀，回首匡廬青未了。玄雲作帽深蒙頭，五老藏昂

元不老。何時月夜水鏡淨，瀞蕩澄虛納蒼昊。著我峰尖伴老人，坐看海東紅日杲。(《湖口阻風登江磯山觀濤》)

作為理學家，吳澄也會在詩中談校經心得，如《貢院校文》《談經次韻夏編修》等，雖淡乎寡味，卻也反映了他的思想和生活的一個方面。

劉將孫（1257-？），字尚友，號養吾，廬陵（今江西吉安）人，南宋詩人劉辰翁之子，辰翁號須溪先生，故人稱將孫為小須。卒年不詳，約元成宗大德中前後在世。宋末以文名第進士，曾為延平（今福建南平）教官、臨汀書院山長，學博而文暢，名重藝林。有《養吾齋集》三十二卷，其中詩詞合七卷。

劉將孫詩以古體為主，有五古二卷，七古二卷，五律一卷，七律與長律合一卷。宋以來的江西詩學一直較為重視律詩創作，劉將孫因個性不受拘束，在詩的體式方面較喜歡自由度較大的古體詩。劉將孫五古多寫其內心的孤獨和寂寞。如：

殘燈挑欲盡，小雨止復作。山寒無人聲，瓶凍梅自落。呼茶不愜意，掩卷興愈索。豈無杯中物，獨舉誰與酢。殘年十日盡，千里一枝托。前冬東湖雪，親友共磅礴。取歡各極意，且復嘆飄泊。而況只影留，微吟付寥廓。(《寒坐》)

薄暮度長橋，晚色入溪路。山椒猶落日，水而已微霧。蒼茫汀洲煙，漁火三兩處。似可小盤桓，樓角催人去。(《暮過水驛》)

而其七古則要輕快得多，又嬉笑怒罵均成詩，如：

> 倡優貴，戰士屈。一笑傾城又傾國，但道佳人難再得。未應三寸腳，踏倒長安千丈壁。馬嵬坡下淋鈴雨，琵琶膝上何王府。頗得回思向來否？人間又看新歌舞。（《寓言》之四）

在這裡，人們眼中嚴肅的歷史竟是如此荒唐，帝王們的荒淫導致了國家敗亡，而人們卻把這一切歸咎於女人！《寓言》組詩中其他十多首及《禽言六首》等，均是這樣辛辣的諷刺之詩，頗有些元代散曲的意味。

他的五、七言律詩所表現的內容與五古有些類似，但不再那麼沉悶，於幽獨中能自適自遣，如：

> 洗硯得新雨，題詩聊紀年。山川存筆墨，歲月只雲煙。花事紅塵外，春風白髮前。一溪清漲滿，江海意悠然。（《洗硯》）

> 渺渺西風遍九州，江花江草索然收。青天萬里雁飛盡，長日四時蛩語愁。白髮宮人杜秋曲，中年客路仲宣樓。浮生何用思渠事，天地由來慣作秋。（《秋懷》）

不管是幽獨還是憤慨，歸結到一點，都是其所秉持的儒家濟世理想與現實的落魄的矛盾的反映，美好的理想猶如天邊絢爛的光影，總是那樣可望而不可即，伴隨詩人的只有永遠無法排遣的

孤獨與憂憤。

劉將孫的父親劉辰翁評詩特別推重李賀，這對劉將孫詩也有一些影響，如詩歌中對冷色調的偏好，但劉將孫更傾向於清幽淡遠，較盛唐詩風為近。

劉將孫的詞，《彊村叢書》輯有《養吾齋詩餘》一卷，也寫得富有情致，敘事婉曲。如《沁園春》（詞序略）：

> 流水斷橋，壞壁春風，一曲葦娘。記宰相開元，弄權瘡痏。全家駱谷，追騎蒼皇。彩鳳隨鴉，瓊奴失意，可似人間白面郎。知他是、燕南牧馬，塞北驅羊？啼痕自訴衷腸，尚把筆低徊愧下堂。嘆國手無棋，危途何策。書窗如夢，世路方長。青冢琵琶，穹廬笳拍，未比渠儂淚萬行。二十載，竟何時委玉，何地埋香。

這是一首和著血淚的哀詞。據作者自序稱，在樟樹鎮的清江橋上，有無聞翁與楊氏女子回首題壁詞，記述了元兵南犯時擄掠婦女的行為。作者隱括其事，為賦此詞，借此表現自己家國淪亡的切膚之痛。

又如《踏莎行・閒游》：

> 水際輕煙，沙邊微雨。荷花芳草垂楊渡。多情徙倚忽成愁，依稀恰似西湖路。血染紅箋，淚啼錦句。西湖豈憶相思苦。只應幽夢解重來，夢中不識從何去。

亦於迷惘之中表達故國之思。二詞均細膩而悲切，情感悲憤抑鬱，有乃父之風。

二、元代中後期

元代中、後期的江西詩人主要有周廷震、周伯琦、傅若金等。

周霆震（1292-1379），字亨遠，號石初，安成（今江西安福）人。以先世居石門田西，自號石田子初，省稱石初。多從南宋諸遺老游，能得其緒論。延祐中（1317），再試不利，於是杜門謝客，專意授徒，吟詩作文。晚遭至正之亂，明洪武十二年（1379）卒。私謚清節先生。著有《石初集》十卷，附錄一卷。

周霆震親見元朝由繁盛走向衰敗，「故其詩憂時傷亂，感憤至深」[9]。如《登城》：

> 世祖艱難德澤深，風悲城廓怕登臨。九朝天下俄川決，七載江南竟陸沉。馬首空傳當日價，雞聲不到暮年心。雨餘門外青青草，過客魂消淚滿襟。

詩作描述至順年間，真定武涉地震、黃河決口、江浙大水、雲南叛亂、江南黎民紛起武力反抗的真實情況，展示出一個風雨飄搖中的元朝的狀況以及作者深深的憂慮。

周霆震尤被人稱道的是其古風，這類詩，往往前面寫有小

9　《四庫全書總目》，卷一六八。

序，點明詩歌寫作緣由，表明具體的社會現實，詩作則在此基礎上敘亂離，抒悲憤。如《古金城謠並序》（序略）：

> 昆侖烈風撼坤軸，日車斂轡咸池浴。六龍飲渴呼不聞，赤蟻玄蜂厭人肉。荊襄弗支廬壽孤，江東掃地如摧枯。忠臣當代誰第一？七載舒州天下無。東南此地關形勝，天柱之峰屹千仞。當年赤壁走曹瞞，天為孫吳產公瑾。我公千載遙相望，崎嶇恆以弱擊強。孤城大小二百戰，食盡北拜天無光。當關援劍蒼龍吼，盡室肯污奸黨手。摧鋒闔郡無生降，群盜言之皆稽首。堂堂省憲羅公卿，建官分閫日募兵。哀哉坐視無寸策，遂使流血西江平。向來不曉皇穹意，名將南征死相繼。一時貪暴聚庸才，玩寇偷安饕富貴。河流浩浩龍門西，燕山萬騎攢霜蹄。英雄暴骨心未死，去作海色催朝雞。玉衣飛舞空中見，太息孤忠鏖百戰。五陵元氣待天還，睢陽誰續《中丞傳》？

其他如《李潯陽死節歌並序》《普顏副使政績歌並序》等，均展示了元代社會動亂帶給人民的深重災難，景象慘不忍睹。正因為周霆震《石初集》中這樣一些極具現實性的詩歌，後人視之為「元末之詩史」。

周伯琦（1298-1369），字伯溫，號玉雪坡真逸，饒州（今江西鄱陽縣）人。以父蔭授南海縣主簿，後轉翰林修撰，累官至兵部尚書、浙西肅政廉訪使。因受命招降張士誠而被拘十餘年，直至張敗亡後方回老家。博學工文章，而尤以篆、隸、真草擅名當

時，著有《近光集》《扈從詩》等。

周伯琦較多紀行詩，長於描繪邊塞風光，如：

> 北口七十二，居庸第一關。峭厓屏列翠，急澗玉鳴環。
> 佛閣騰雲霧，人家結市闤。馬前軍吏候，使節幾時還？
> （《九月一日還自上京途中紀事十首》之十）

> 車坊尚平地，近嶺盡生寒。拔地數千丈，凌空十八盤。
> 飛泉鳴亂石，危礮護重關。俯視人寰隘，真疑長羽翰。（《紀
> 行詩》）

再如《過太行山》：

> 太行蒼翠插秋旻，疊嶺重關自昔聞。戰國東西分晉趙，
> 中原南北帶河汾。帝王都邑青青草，豪傑勳名點點墳。鳥道
> 盤空頻立馬，便從高處望飛雲。

詩作不僅寫出了太行山的自然風光，歷來的重要軍事地理位
置，更透露出濃重的歷史感。

傅若金（1304-1343），初字汝礪，揭傒斯為之改字「與礪」。
新喻（今江西新余）人。家貧，以織席為業，苦學自勵。以布衣
至京師，數日之間，詞章傳誦，聲名大震，「名勝之士無不倒屣
而迎之以為上客」（虞集《傅與礪詩文集序》）。順帝三年
（1335），以異才薦，佐使安南（今越南）。歸後任廣州教授。卒
於官。有《清江集》《傅與礪詩文集》等。

傅若金的詩歌具有很強的現實主義色彩，往往是借古而喻今，詠古以抒懷，如：

　　　　將軍結髮事先朝，百戰山河血未銷。總說霄雲能慷慨，兼聞去病最嫖姚。煙塵劍戟迷秋峒，風雨旌旗落暮潮。自古英雄須廟食，精靈何待《楚辭》招！（《題張齊公祠》）

　　　　遙山寂寂對危亭，壞礎敧沙柳自青。四海久非劉社稷，千秋猶有漢精靈。豐西水散煙沉浦，碭北雲迷雨入庭。坐想酒酣思猛士，歌風台下晚冥冥。（《沛公亭》）

　　詩中充滿了對古代豪傑的贊頌與嚮往之情，表達了對人盡其用的開明之世的嚮往，同時亦委婉曲折地流露出對現實的不滿，思深而調遠。

　　傅若金的寫景詩，也多寓意現實的內涵，如《寒江獨釣圖》：

　　　　歲暮漁竿客，天寒向水雲。孤舟清泛泛，雙鬢白紛紛。雪樹微茫見，風篁縹緲聞。王車如出獵，何處定逢君。

　　詩作描寫孤舟雪域中的獨釣漁父，但他不是高蹈避世的隱士，而是像姜子牙一樣待機而動的入世之人，作者借此表達了自己報效國家的強烈願望。

　　傅若金詩歌用語典雅而不晦澀、對仗精工而不見雕刻，體現出沉穩典重的藝術風格。陳衍《元詩紀事》引胡應麟《詩藪》

云：

> 元人先達者無若元好問、趙子昂。元，金遺老；趙，宋宗枝也。元體備格卑，趙詞雅調弱。成都諸子，乃一振之。伯生典而實，仲弘整而健，德機刻而峭，曼碩麗而新。至大家逸格，浩蕩沉深之軌，概乎未聞也。同時傅若金、張仲舉不甚知名，而近體特多宏壯。傅如云云，張如云云。七言律傅如云云，張如云云。皆高華雄暢，得杜陵句格，特變態差少耳。而詩流不能舉其姓氏，良可嘆也。**10**

陳衍引述胡應麟之語，對傅若金所取得的詩歌藝術成就予以高度評價，並對詩壇沒對其給予足夠的重視表示遺憾，直至今天，我們仍有同感。

參考文獻

1. 陳衍：《石遺室詩話》，上海書店版《民國詩話叢編》本。
2. 范梈：《木天禁語》，中華書局版《歷代詩話》本。
3. 范梈：《詩學禁臠》，中華書局版《歷代詩話》本。
4. 顧嗣立：《元詩選》，中華書局，1987 年版。
5. 胡應麟：《詩藪》，中華書局，1958 年版。

10　陳衍：《元詩紀事》卷一五。

6. 陸時雍：《詩鏡總論》，中華書局版《歷代詩話續編》本。

7. 揭傒斯：《揭文安公文粹》，中華書局，1985 年版。

8. 王若虛：《滹南遺老集》，《四部叢刊》本。

9. 王若虛：《滹南詩話》，中華書局版《歷代詩話續編》本。

10. 永瑢、紀昀等：《四庫全書總目》，中華書局，1965 年版。

11. 張健：《元代詩法校考》，北京大學出版社，2001 年版。

12. 曾燠：《江西詩徵》，《續修四庫全書》本。

宋元江西女性詩詞

　　宋代江西女性作家較之唐代有明顯增多，主要有魏夫人、王文淑、王安石女、李氏、謝氏、何師韞、汪氏、陳梅莊、耒氏、鄱陽婦、吳城小龍女、鄱陽護戎女、戴復古妻等十三人。元代江西女性詩人較少，只有黃嗣貞、董淑貞和曾氏三位。

第一節 ▶ 宋代女性詩詞

一、魏夫人

　　魏夫人（魏玩）（生卒年不詳），字玉汝。北宋女詞人，襄陽（今屬湖北）人。出身世家，是詩論家魏泰之姊，北宋右丞相曾布（曾鞏弟）之妻[1]。自幼博覽群書，工詩文，通音律，尤善填詞。成年後極力提倡並恪守封建倫理道德，多次受朝廷褒獎，

1　曾燠：《江西詩徵》卷八十五，《續修四庫全書》，第 1690 冊，上海古籍出版社，2002 年版。

封魯國夫人。著作頗多，以詩詞見長。著有《魏夫人集》。朱熹把她與李清照並提，說「本朝婦人能文者，惟魏夫人及李易安二人而已」[2]。其詞多寫悠閒情懷及風光景物。描寫景物，語言清麗，形象逼真；抒發情懷，感情真摯，愁思動人。尤其是他們夫妻之間的唱和詩，受到當時人們的讚賞傳誦。惜其詩詞多散佚，存世不多。詩有《虞美人草行》一首。詞多寫閨情，今存十四首，周泳先輯為《魯國夫人詞》一卷。且看其《菩薩蠻》：

溪山掩映斜陽裡。樓台影動鴛鴦起。隔岸兩三家，出牆紅杏花。綠楊堤下路，早晚溪邊去。三見柳綿飛，離人猶未歸。

這首詞是魏玩的代表作。據《宋史·曾布傳》，曾布於神宗元豐中，連知秦州、陳州、蔡州和慶州。陸游也說：「曾子宣丞相，元豐間帥慶州，未至，召還，至陝府，復還慶州，往來潼關。夫人魏氏作詩戲丞相曰：『使君自為君恩厚，不是區區愛華山。』」（《老學庵筆記》卷七）在這期間，曾布告別家人，游宦在外，可能連續三年，魏夫人獨守空閨，故填詞以述懷。此詞寫思婦的幽情，採用寓情於景的手法，顯得含蓄而自然，毫無雕琢。「溪山掩映斜陽裡」「三見柳綿飛」等詞句自然清新。另外此詞在聲律上極具特色，八句中兩句一葉韻，如「裡」與

2　朱熹：《游藝論》，《朱子語類》卷一十四，中華書局，1983年版。

「起」、「家」與「花」、「路」與「去」、「飛」與「歸」，均押韻工整；且兩句與兩句之間又平仄交錯，如上片四句「裡」與「起」是仄聲韻，「家」與「花」是平聲韻；下片「路」與「去」是仄聲韻，「飛」與「歸」是平聲韻，讀來十分諧婉，再加上語言曉暢，詞句清麗，較好地抒寫了貴族婦女溫柔敦厚而又婉曲纏綿的感情。

　　如果說上一首寫閨情是用含蓄的手法，表達了委婉的相思之情，那麼另一首《卷珠簾》就是直抒胸臆，作了毫無掩飾的表達：

　　　　記得來時春未暮，執手攀花，袖染花梢露。暗卜春心共花語，爭尋雙朵爭先去。多情因甚相辜負，輕拆輕離，欲向誰分訴。淚濕海棠花枝處，東君空把奴分付。

　　此為戀情詞。詞中托為一個多情女子之口，以追憶的方式「記得來時春未暮」，敘寫了一段催人淚下的愛情悲劇，傾訴了女主人公對於不幸愛情的怨恨、懊悔和悲傷，譴責了玩弄女性、背叛愛情的負心男子，表現了作者對時代不幸女子的深切同情。全詞淒豔婉秀，感人至深。這首詞結構上採用了今昔對比的形式，詞的上片描寫熱烈的戀情，下片詞意、情緒急轉而下，傾訴了女主人公因愛情橫遭不幸而觸發的悲苦與絕望以及對薄情男子的不滿和譴責。這種結構，勾畫出女主人公在愛情生活中由對幸福的追求、嚮往、期盼轉向對於不幸命運的怨恨、悲傷、懊悔這一心路歷程，有力地渲染出佳人薄命的主題。

明朝楊慎在《詞品》中說：「李易安、魏夫人，使在衣冠之列，當與秦觀、黃庭堅爭雄，不徒擅名於閨閣也。」（《古今詞話·詞評》卷上引）晚清著名詞論家、詞人陳廷焯評曰：「宋婦人能詩詞者不少，易安為冠，次則朱淑真，次則魏夫人也。」[3]

二、何師韞

何師韞（生卒年不詳），字季方，撫州金溪（今屬江西臨川）人。嫁臨川饒氏。四十而寡，因所居有懶愚樹，自號懶愚道人，遂名所居室為懶愚室。何師韞詩文甚富，《夷堅支志》著錄其有四十卷，《然脂集》亦著錄其詩集，皆不傳。現僅存少量詩作，散見於《宋詩紀事》《江西詩徵》及方志中。

何師韞崇拜老子，又喜讀佛家經典，故思想消極，主張一切順其自然，返璞歸真，所作詩文也體現了這些思想，如《失假山偈》：

　　　片石亡來歲月深，昔時求覓到如今。誰知只在家山裡，枉費工夫到處尋。

此詩語言簡樸，接近白話，然詩中含有深刻的人生哲理，似乎包含無為思想，引人深思。

又如《自題懶愚堂》：

3　陳廷焯：《詞壇叢話》，《詞話叢編》本，第3727頁。

君不見，南岳懶殘師，佯狂啖殘食。鼻涕任垂頤，懶為俗人拭。又不見，愚溪子柳子，堂堂古遺直。因以愚名溪，於今慕其德。二子真吾師，欲見不可得。唯有懶愚樹，終日對顏色。齊桓勤讀書，輪扁巧斫輪。勤巧動心志，何如懶愚真。衰年髮已皤，行少坐時多。亦欲效勤奮，奈此懶愚何。

詩人當然不是懶愚之人，我們只能把它當作自嘲詩、哲理詩來讀。

第二節 ▶ 元代女性詩詞

一、黃嗣貞

黃嗣貞（生卒年不詳），字玉娘。金溪縣人，元代女詩人，黃以權之女。嫁新田吳泰發，後泰發客死他鄉，嗣貞時年僅二十七歲，獨自撫養兩個兒子長大成人，曾作《訓子詩三十韻》[4]訓勉兩個兒子。該詩可視為她的自傳。詩云：

嫠生亦良苦，百事百不如。十九離自黃，執筐歸於吳。拋心托藁砧，低眉奉公姑。未幾家多難，言之重唏噓！終身仰望者，語合心事殊，捐家揭私財，負擔走長途。一去不復

返，竟葬江之魚。風雲陡地暗，聞訃雙淚枯。事變奈若何，哭復土一區。人皆侮新寡，我獨耐孀居。勞碌自此始，官災無歲無。產業雖僅存，家儲悉空虛。隱忍飢與寒，人或笑我迂。越歷艱與辛，眾亦誚我愚。矢心豈易常，素志不負初。哀怨難俱陳，事勢罔盡敷。困我固有由，示爾信不誣。思之日繼夜，從茲創規模。汝曹各勉旃，努力勤詩書。詩書勤乃有，懶惰終疲駑。毋友莫己若，勿交非吾徒。動靜守法度，視聽著功夫。涓流務深處，大財積錙銖。天賦汝等閒，猛醒休踟躕。光陰競分寸，宴安無須臾。古來賢達人，起身自勤劬。蛟龍大海物，寧自辱污渠。書中萬事足，莫被作物拘。磨穿寸鐵心，成就千金軀。庶足愜所望，汝曹其勉諸。

　　從詩中我們大致可以知道，她十九歲嫁到吳家，然與丈夫不合，丈夫把家中的錢財全部捲走，卻不料身死異鄉。她雖然不滿丈夫的所作所為，但聽到丈夫的噩耗，還是悲痛萬分。年輕守寡，在封建社會必然會受到外界的種種非難和侮辱。自然災害固然可怕，但政府的苛捐雜稅更容易使無助的孤兒寡母難以維持生計。這首詩雖為婦人所作，卻字字見血，對封建社會進行了有力的反抗與控訴，這是極為難能可貴的。此詩備述自己的身世和不幸的遭遇以及教訓兒子讀書做人的道理，苦口婆心，皆為肺腑之言，讀來感人至深。對苛政的控訴有一定深度。

　　黃嗣貞的詩還有《詠鏡中燈》和《聞漁歌》，此處不再作具體分析。

二、董淑貞

董淑貞，元末江西餘干人，譚友妻。作有《絕命詞》[5]一首：

> 天蒼蒼兮不吾家造，地茫茫兮不吾身容。不造不容，托
> 乎火以相從！

元末由於統治者的暴政，兵亂四起，軍中有一將領要侮辱她，她不敢硬抗，便找個藉口說：我是良家女，若要成親，須擇良辰吉日成禮才行。當時她婆婆的靈柩仍在堂前未葬，祭畢之後，她把薪柴堆於靈柩下，縱火焚室，作此首絕命詞，手牽兩個女兒同投烈火而死。這首詩深切地反映出封建社會底層勞動婦女的悲慘命運，同時也揭露了戰爭給人民帶來的深重災難，具有深刻的社會意義。此詩詩情悲苦而慷慨，天地如此之大，竟無容身之所，實是逼迫無奈，但她沒有呼天搶地，而是義無反顧地投身火海，女詩人的剛烈可見一斑。

三、曾氏

曾氏，元末江西廬陵（吉安縣人），為亂軍所執，不肯受侮辱自縊而死。作《絕命詩》[6]一首：

---

5 曾燠：《江西詩徵》卷八十五。
6 曾燠：《江西詩徵》卷八十五。

　　涇渭能分濁與清，妾身豈肯墮風塵？孤兒未必從他姓，一女何當事二人！白刃自傷心似鐵，黃泉要見骨如銀。深山落日猿啼處，過客聞之亦愴神。

　　此詩異常剛烈，反映了女詩人凜然不可侵犯的剛烈性格，表明她寧死不屈之心已定。末兩句「深山落日猿啼處，過客聞之亦愴神」令人黯然神傷。

　　以上兩首詩皆反映了戰亂給人民尤其是女性帶來的無盡災難，屬同一題材。這在諸多的女性作品中並不多見，可以說是那個時代的一個歷史見證，蘊含的不只是詩歌本身的意義。

參考文獻

1. 北京大學古文獻研究所：《全宋詩》，北京大學出版社，1998 年版。

2. 唐圭璋編《全宋詞》，中華書局，1979 年版。

3. 曾燠：《江西詩徵》，《續修四庫全書》本。

宋元江西詩社

江西文人結社有悠久的傳統。歷史上第一個文人社團「慧遠廬山白蓮社」及歷史上第一個正式具有文學意義的詩社「杜審言吉州相山詩社」都產生於江西。前者是東晉慧遠與劉遺民、雷次宗、周續之諸人所結；後者為唐杜審言司戶吉州時所結。在唐代，江西詩社除相山詩社外，還有一個詩社是孫魴與李建勳及沈彬諸人所結，活動於今江西臨川。總的來說，唐代一朝江西詩社並不多見。宋元時，江西詩社才真正興旺繁榮起來。

第一節 ▶ 北宋江西詩社

北宋時江西經濟文化已比較繁榮，一大批江西籍文化巨星，如晏殊、歐陽修、曾鞏、王安石、黃庭堅等開始走上文壇。對此，北宋倪樸就曾說過：「大江之西，國朝以來，異人輩出，人物之盛甲於東南。」[1] 隨著文化的興盛，此時的江西籍文人也已

---

1 倪樸：《筠州投雷教授書》，《倪石陵書》，民國《續金華叢書》本。

開始在全國各地結社，如黃庭堅父黃庶詩「從來風月為三友，吟社新添客一人」，王安石詩「相思每欲投詩社，只待春蒲葉可書」，黃庭堅詩「稍尋綠樹為詩社，更藉殘紅作醉茵」「清光適從人意滿，壺觴政為詩社開」「天香國豔不著意，詩社酒徒空得名」等詩文中就有不少他們與人結社的資料。但是事實上，在宋代活動於江西本土的詩社，直到北宋末年徽宗朝才開始正式出現。這些詩社主要是由江西宗派詩人所結，如臨川詩社、豫章詩社、廬山詩社等，下面試考述之。

一、臨川詩社

謝逸《寬厚錄序》：

> 謝子與鄉里諸君子每月一集，各舉古人寬厚一事，退而錄於簡冊，號曰寬厚錄。庶幾人人勉勵，相師成風，如周成王、漢文帝時人也……[2]

謝逸《吳迪吉載酒永安寺會者十一分韻賦詩以字為韻予用「逸」字》：

> 延陵多賢孫，傑然者迪吉。上書因自訟，賓客禁私覿。暝目數歸期，閉口防罰直。謁告呼朋儕，笑談洗憂戚。開樽青蓮界，逍遙以永日。翩翩客鼎來，草草筵初秩。子珍樂易

2　謝逸：《寬厚錄序》，《溪堂集》卷七，文淵閣《四庫全書》本。

人，開談見胸臆。宗魯與人交，坦然無畛域。君澤學古談，論議簡而質。伯更廊廟具，綠髮居師席。澤民泮水英，每試輒中的。叔野飽書史，胸中萬卷積。文美秉天機，溫如蒼玉璧。文康氣雄豪，目睨天宇窄。中邦最清修，操履有繩尺。樂之似長康，痴絕故無匹。坐客皆奇才，椎鈍莫如逸。諸人或見賞，頗愛性真率。不求身後名，但喜杯中物。世故了不知，一醉吾事畢。[3]

謝逸《與諸友訪黃宗魯宗魯置酒於思猷亭席上分韻賦思猷亭詩各以姓為韻予得謝字》：

我見俗子避百舍，一錢不直灌夫罵。靈谷峰前汝水湄，誰信無雙有江夏。平生眼底無可人，子猷粗與吾同社。故栽修竹共歲寒，不與繁花斗榮謝……[4]

謝薖詞《醉蓬萊》（中秋有懷無逸兄，並示何之忱諸友）：

望晴峰染黛，暮靄澄空，碧天銀漢。圓鏡高飛，又一年秋半。皓色誰同，歸心暗折，聽唳雲孤雁。問月停杯，錦袍

3　《全宋詩》，第 22 冊，第 14813 頁。
4　《全宋詩》，第 22 冊，第 14836 頁。

何處，一尊無伴。好在南鄰，詩盟酒社，刻燭爭成，引觴愁緩。今夕樓中，繼阿連清玩。飲劇狂歌，歌終起舞，醉冷光凌亂。樂事難窮，疏星易曉，又成浩嘆。[5]

　　據以上所引謝逸文《寬厚錄序》及謝逸詩「進不驕富貴，立朝如在山……人皆諳此理，何事可作難。每月一會面，十客九不開」云云，謝逸當與鄉人結有一個修身礪志的組織，且該組織經常集會唱和。又據謝逸「平生眼底無可人，子歆粗與吾同社」及謝薖「好在南鄰，詩盟酒社」云云，該組織似當有詩社性質。因謝逸、謝薖兄弟一生基本上在臨川生活，且以上唱和諸友皆為其鄉鄰，故該詩社主要活動之地當在臨川。據上詩《吳迪吉載酒永安寺會者十一分韻賦詩以字為予用「逸」字》，參與該詩社的人物眾多，活動頻繁。其人員除謝逸、謝薖兄弟外，當還有吳賀（迪吉）、吳賀兄琛（子珍）、黃洙（宗魯）、汪革（伯更）、汪革弟萃（叔野）以及六位姓名不可考的詩人（君澤、澤民、文美、文康、中邦、樂之）。另外當還有何之忱諸人。又韋海英《謝逸行年考》一文認為謝逸詩《吳迪吉載酒永安寺會者十一分韻賦詩以字為韻予用「逸」字》似當作於崇寧元年（1102）[6]，且謝逸卒於一一一二年，謝薖卒於一一一七年，故該詩社活動時

5　　唐圭璋編：《全宋詞》，中華書局，1965 年版，第 704 頁。

6　　韋海英：《江西詩派諸家考論》，北京大學出版社，2005 年版，第 30 頁。

期當在一一〇二至一一一七年間。

汪莘，字叔野，臨川人。革弟。篤學有志，喜為歌詩。東萊諸呂、豫章諸洪競稱之，登建炎二年丙科。歷洪州司理，舉清白第一。所著曰《歸愚集》（參康熙《江西通志》卷八十，可知汪叔野為汪莘）。

黃洙，字宗魯，臨川人。生平不詳。據謝逸《黃君墓誌銘》：「子洙宗魯以其狀來告」，可知黃宗魯當為黃洙。

吳賀，字迪吉，濮陽人。謝逸表弟。

吳琛，字子珍，吳賀兄。

謝逸、謝薖、汪革生平參本書相應章節。

二、徐俯豫章詩社

張元干《蘇養直詩帖跋尾六篇·甲卷》：

往在豫章，問句法於東湖先生徐師川。是時洪芻駒父、弟炎玉父、蘇堅伯固、子庠養直、潘淳子真、呂本中居仁、汪藻彥璋、向子諲伯恭，為同社詩酒之樂。予既冠矣，亦獲攘臂其間。大觀庚寅（1110）辛卯歲也。九人者宰木久已拱矣，獨予華髮蒼顏，羈寓西湖之上……且念向來社中人物之盛，予雖有愧群公，尚幸強健云。[7]

---

7 張元干：《蘇養直詩帖跋尾六篇》，《蘆川歸來集》卷九，文淵閣《四庫全書》本。

據上，該詩社參與人員當有徐俯、洪芻、洪炎、蘇堅、蘇庠、潘淳、呂本中、汪藻、向子諲、張元干。又據向子諲《水調歌頭》大觀庚寅（1110）閏八月秋，藤林老、顧子美、汪彥章、蒲庭鑑，時在諸公幕府間。從游者，洪駒父、徐師川、蘇伯固父子、李商老兄弟。是夕登臨，賦詠樂甚。俯仰三十九年，所存者，余與彥章耳。紹興戊辰（1148）再閏，感時撫事，為之太息。因取舊詩中師川一二語作是詞：「少日南昌幕下，更得洪徐蘇李，快意作清游。」李彭《奉同伯固駒甫師川聖功養直及阿虎尋春因賦問柳尋花到野亭分得野字》：「匪惟稱行樂，性靈賴陶冶。他時儻重來，更結離騷社。」[8]顧子美、蒲庭鑑、李商老（李彭）亦當參與了該詩社活動。又據方星移編《汪藻年譜》：汪藻於一一〇九年至江西提舉學官任，一一一二年春夏間離任赴京[9]。王兆鵬先生編《向子諲年譜》：向子諲於一一〇九年至江西任鎮南軍節度推官，一一一二年正月離任赴京[10]。王兆鵬先生編《張元干年譜》：張元干一一一〇年、一一一一年期間在南昌[11]。王兆鵬先生《呂本中年譜》：呂本中一一一〇年過南昌，當年不多久即離開。韋海英《徐俯考論》：從崇寧至政和間，徐俯一直

8　《全宋詩》，第 24 冊，第 15851 頁。

9　方星移：《宋四家詞人年譜》，黑龍江人民出版社，2008 年版，第 228 頁。

10　王兆鵬：《兩宋詞人年譜・向子諲年譜》，文津出版社，1994 年版，第 480 頁。

11　王兆鵬：《兩宋詞人叢考》，鳳凰出版社，2007 年版，第 320 頁。

擔任宮觀官[12]。韋海英《洪炎行年考》：洪炎大約在政和元年（1111）後知譙縣[13]。可知，該豫章詩社當大約活動於一一〇九年至一一一二年間。

　　張元幹（1091-1161），字仲宗，號真隱山人、蘆川居士，永福人。徽宗政和間以上舍釋褐。宣和七年為陳留縣丞。欽宗靖康元年應李綱辟，旋與綱同日遭貶。金兵陷汴，避難吳越間。高宗建炎中起為將作監，撫諭使，隨高宗避兵明州，因事得罪，紹興元年以右朝奉郎致仕。十二年，胡銓上書乞斬秦檜，貶新州編管，元幹在福州作詞壯其行。二十一年，坐作詞事追赴臨安大理寺，削籍除名。

　　蘇堅，字伯固，號後湖居士，泉州人。哲宗元祐間以臨濮縣主簿監杭州在城商稅。紹聖間任永豐尉。後知鉛山。徽宗崇寧元年（1102），監紹州岑水銀銅場。官終建昌軍通判。

　　蘇庠（1065-1147），字養直，丹陽人。初以病目，自號眚翁，後改稱後湖居士。早年嘗就舉中程，以犯諱黜。高宗紹興中，累召不起。十七年卒，年八十三。

　　潘淳，字子真。新建人，興嗣之孫。少穎異，好學不倦，淹貫經史百家之言。師事黃庭堅，尤工詩。曾鞏知洪州，乞錄興嗣後。尚書右丞黃履復以淳為請，補授建昌縣尉。陳瓘劾蔡京，言

12　韋海英：《江西詩派諸家考論》，北京大學出版社，2005 年版，第 98 頁。

13　《江西詩派諸家考論》，第 82 頁。

者目淳為璀親黨，坐奪官，不以介意。歸，自稱谷口小隱。（參《（康熙）江西通志》卷六十六）

顧彥成，字子美。蕭山人。以蔭補官，歷兩浙運使。（萬曆《紹興府志》卷四十五人物志）

徐俯、洪芻、洪炎、李彭、汪藻、向子諲諸人生平參本書相應章節。

蒲庭鑑其人生平不詳。

三、祖可廬山詩社

王銍《頃在廬山與故友可師為詩社嘗次韻和予詩云空中千尺墮柳絮溪上一旗開茗芽絕愛晴泥翻燕子未須風雨落梨花重江碧樹遠連雁刺水綠蒲深映沙想見方舟端取醉酒酣風帽任欹斜後三十年避地剡溪山中時可師委蛻亦二紀矣靈隱明上人追和此為贈感念存沒淚落衣巾因用韻謝》：

> 昔訪廬山惠遠家，尋春草木未萌芽。自從柳折煙中色，不寄梅開雪後花。事往淚多添海水，詩來恨滿算河沙。驚回三十年前夢，放鶴峰頭日未斜。[14]

據朱傑人《王銍及其〈默記〉》：「（王銍）紹興十年，退居

14　《全宋詩》，第34冊，第21304頁。

山陰。(《揮麈三錄》卷三)」[15]再據上詩詩題「後三十年避地剡溪山中時」云云,王銍在廬山與可師結詩社當在一一一〇年(大觀四年)左右。又據僧善權詩《送墨梅與王性之》《山中秋夜懷王性之》《王性之得李伯時所作〈歸去來圖〉並自書淵明詞刻石於琢玉坊為賦長句》:「……因君勒石柴桑裡,便覺九原人可起。廬山未是長寂寥,挽著高風自君始」及僧祖可《李伯時作〈淵明歸去來圖〉王性之刻於琢玉坊牆病僧祖可見而賦詩》,善權當也為該王銍詩社中人。又據《全宋詩》釋蘊常小傳:「釋蘊常,字不輕。居丹徒嘉山,與蘇庠相倡酬,後蘇庠弟祖可為僧,遂與之偕往廬山」,[16]釋蘊常也有可能為該詩社中人。

　　王銍,字性之,自號汝陰老民,汝陰(今安徽阜陽)人。高宗建炎四年(1130),權樞密院編修官,纂集太宗以來兵制。紹興四年(1134)書成,賜名《樞庭備檢》。罷,主管台州崇道觀,續上《七朝國史》等。九年,為湖南安撫司參議官。

　　釋祖可,字正平,俗名蘇序,丹陽(今屬江蘇)人。庠弟。少以病癩,人目為癩可。自為僧,居廬山之下。工詩,詩入江西詩派。

　　善權,字巽中。靖安高氏子。人物清癯,人目為瘦權。落魄嗜酒,詩入江西派。(參《宋詩紀事》卷九十二)

15　朱傑人:《王銍及其〈默記〉》,《浙江學刊》1993 年第 2 期,第 115 頁。

16　《全宋詩》,第 22 冊,第 14615 頁。

四、歐陽澈紅樹詩社[17]

歐陽澈《朝宗以詩見贈敘從游之樂廣其意作古詩謝之並簡敦仁德秀》：

> ……樽酒結詩社，卓犖俱樊川。風流王世子，遠拍貞曜肩。食虀腸亦苦，志操不少遷。季子金閨彥，高吟常醉眠。四明有狂客，解龜須見憐。偉我三二友，才名足聯翩。休歌出無車，休詠寒無氈。得錢即相覓，爛醉清平年。排悶強裁句，擺脫塵中緣。風雲會遇自有日，驪珠不到終沉淵……[18]

據上詩，歐陽澈當與朝宗、敦仁、德秀諸人結有詩社。又因歐陽澈布衣終身，過世前一直居於撫州崇仁。其詩文中涉及詩社唱和的材料大概皆為同一詩社。如：

歐陽澈《陳欽若時寓盤龍，作詩寄之，因紀吟詠之美》：「擬尋紅樹賡詩社，卻日揮戈不許斜」，歐陽澈《朝宗見和，復次韻謝之》：「何時紅樹尋詩社，琢句令傾瀲灩樽」，歐陽澈《和前韻勉子賢學詩》：「詩社獲公添一瑞，苦思須拍閬仙肩」，歐陽澈《建中覓菊於希喆，因戲作四韻寄云》：「擬攜賡唱社中侶，來伴沉酣市上眠」等等。又歐陽澈是著名的抗戰派人士，高宗建炎元

17　參歐陽光《宋元詩社研究叢稿》，廣東高等教育出版社，1996 年版，第 198 頁。

18　《全宋詩》，第 32 冊，第 20663 頁。

年以布衣應詔上書，因詆用事大臣，遭到妄殺，死時才三十一歲。故歐陽澈與鄉人所結詩社大概皆活動於北宋末年。

　　吳朝宗、陳欽若、敦仁、德秀、子賢、仲寶、希喆、顯道、世弼諸人生平不詳，大概皆為歐陽澈鄉人。

第二節 ▶ 南宋江西詩社

　　南宋是江西詩社繁榮時期：一方面，大量江西籍詩人在外地結社，如楊萬里及周必大就在外地結有不少詩社；另一方面，很多人也開始在江西本地結社。其中在江西本地結社的人員又大概可以分為三類：一類是江西本地的官僚仕宦，如吉安詩社群即基本上是吉安籍詩人所結；一類是寓居江西的官僚仕宦，如上饒詩社群即基本上是寓居江西上饒的仕宦所結；還有一類是在江西為官的人員，如九江詩社群即基本上是在江西為官的人員在任上與同僚所結。南宋時江西詩社主要分布於吉安、上饒、南昌三個地區，此外，撫州、九江以及今宜春地區也有一些詩社分布。

一、吉安詩社群

　　吉安詩社群包括王庭珪詩社、郭應祥詩社、楊萬里吉州詩社、周必大同甲會、周必大三老會等幾個詩社。其中周必大齊年會、周必大三老會為怡老社團，類似於唐代白居易所結的香山九老會。這類社團大多是致仕官員所結，以怡情適性為目的。宋代怡老社很多，最著名的是司馬光與文彥博諸人所結的洛陽耆英會。吉安詩社群基本上為吉安籍本地人員所結，其中楊萬里和周

必大當為吉安結社的主要人物。

王庭珪詩社

王庭珪《次韻張子家見訪惠詩》：

> 老去無才可致君，強從詩社立奇勳。忽逢天上張公子，應念台州鄭廣文。風月何嘗千里隔，江山不用一錢分。能來鼓噪助餘勇，氣壓淮淝百萬軍。**19**

據上，王庭珪當結有詩社，而張子家或亦參與。又據《王庭珪年譜簡編》，王庭珪被貶逐在其七十歲時，七十七歲（1156）才從貶所返回，後一直居吉安至過世**20**。據詩自注：「僕嘗為逐客，故以台州自況。」故該詩當作於其七十七歲之後。此詩社當亦差不多成立於其七十七歲之後，結社地為其家鄉吉安。

據王庭珪《用前韻贈別子家》詩自注「西掖舍人彥實之子」及《全宋詩》張擴小傳「張擴，字彥實，入為中書舍人」**21**，張子家當為張擴之子。又王庭珪有《次韻張子家新除浙西撫干見寄》，張子家當曾任浙西撫干一職。

王庭珪生平參本書相應章節。

楊萬里吉州詩社

19　《全宋詩》，第 25 冊，第 16819 頁。

20　蕭東海：《王庭珪年譜簡編》，《吉安師專學報》1994 年第 3 期，第 84 頁。

21　《全宋詩》，第 24 冊，第 16045 頁。

楊萬里《荊溪集・雨後曉起問訊梅花》：

> ……憶昔少年命同社，月裡傳觴梅影下。一片花飛落酒中，十分便罰琉璃鐘。如今老病不飲酒，梅花也合憐衰翁。[22]

據上詩「憶昔少年命同社」云云，楊萬里少年時似與人結有詩社。又因楊萬里於一一五四年中進士之前一直居鄉，因此，該詩社當是楊萬里少年時與鄉人在家鄉吉州所結。

楊萬里生平參本書相應章節。

吉州詩社前期情況：

《江湖集・雪用歐陽公白戰律，仍禁用映雪訪戴等故事，賦三首示同社》：

> 夜映非真曉，山明不覺遙。盡寒無奈爽，且落未須銷。體怯心仍愛，顏衰酒強潮。毛錐自堪戰，寸鐵亦何消。[23]

《江湖集・和濟翁惠詩》：

> 語妙渾忘夜，杯行未厭頻。平生憎俗子，勝處要吾人。

22 《全宋詩》，第 42 冊，第 26230 頁。
23 《全宋詩》，第 42 冊，第 26092 頁。

481

已結詩中社，仍居族裡親。酒邊不著句，何許見天真。[24]

《江湖集‧和張器先十絕》之四：

　　我自窮愁坐綴文，何堪見子可憐生。兩窮政好同詩社，一戰猶須倩酒兵。[25]

《江湖集‧和張慶長懷麻陽叔二首》之一：

　　舊雪才追送，新梅又作繁。欣逢上林雁，聊免管城冠。酒債多多在，詩盟久久寒。忽思十年事，有枕不能安。[26]

　　據上楊萬里諸詩，楊萬里當與濟翁、張器先、張慶長、麻陽叔諸人結有詩社。又據於北山著《楊萬里年譜》，《江湖集‧雪用歐陽公白戰律仍禁用映雪訪戴等故事賦三首示同社》詩大約作於一一六四年，其餘諸詩都作於一一六九年左右，且楊萬里於一一六四年從零陵返里至一一七〇年三月赴官奉新期間一直里居[27]。因此，楊萬里與濟翁、張器先、張慶長、麻陽叔諸人在吉

24　《全宋詩》，第 42 冊，第 26133 頁。
25　《全宋詩》，第 42 冊，第 26133 頁。
26　《全宋詩》，第 42 冊，第 26139 頁。
27　於北山：《楊萬里年譜》，上海古籍出版社，2006 年版，第 84-137 頁。

州所結詩社當活動於一一六四年至一一七○年間。

　　據楊萬里《誠齋集》卷第一百十四：「請予族弟炎正（字濟翁）作一啟以鮮之」[28]，濟翁當為楊炎正。楊炎正（1145-？），字濟翁，廬陵（今江西吉安）人。萬里族弟。寧宗慶元二年（1196）進士，調寧遠簿。五年，詔除架閣，未上即被劾落。嘉定初遷大理司直，三年，出知藤州，七年，罷。後以事戍瓊州，十年，始北歸。

　　張器先其人生平不詳。據楊萬里詩《和張器先十絕》：「舊聞我裡子張子，七字端能出六奇。窮巷有門無剝啄，怪來佳客肯差池」，張器先當為楊萬里同鄉人，貧士。

　　麻陽叔當為楊輔世，其生平見楊萬里《達齋先生文集序》：「後四年，某自贛掾辭滿，乃歸南溪，卜築於達齋之西，自是日還往相唱酬，非之官，無日不還往不唱酬也。後十二年，某宰奉新，達齋宰麻陽，亦數得書……達齋，諱輔世，字昌英，達齋其自號也。終官左宣教郎知沅之麻陽縣。得年五十。璧其長子也，次曰奎。淳熙甲辰十月二日侄具位萬里序。」[29]

　　慶長其人不詳，據楊萬里文《代慶長叔回郭氏親啟》，此人也當為楊萬里叔。

吉州詩社後期情況

28 楊萬里著，王琦珍整理：《楊萬里詩文集》，江西人民出版社，2006年版，第 1822 頁。

29 《楊萬里詩文集》第 1253 頁。

楊萬里《江湖集・乙未（1175）和楊謹仲教授〈春興〉》：

歸歟還復換年芳，不分官梅惱石腸。黃帽政堪供短棹，白頭可更獻長楊。忽逢社裡催搜句，安得花邊對舉觴。天上含香有知己，彈冠端復為王陽。[30]

據上詩，楊萬里亦當和楊謹仲結有詩社。因楊萬里於一一七四年至一一七七年間在故里吉州（據於北山著《楊萬里年譜》），故該詩社亦當大約活動在此期間內。考慮到楊萬里、楊謹仲詩社與楊萬里、濟翁、張器先諸人所結詩社前後相隔並不是很久，因此楊萬里與以上諸人所結詩社似有可能為前後相繼同一詩社。

楊願（1106-1184），字謹仲，新喻（今江西新余）人。高宗紹興二十一年（1151）進士。年五十餘方入官，歷縣主簿、郡博士，由吉州州學教授召主管車輅院，旋奉祠歸。孝宗淳熙十一年卒，年七十九。

周必大同甲會

周必大《葛先生溧墓誌銘》：

……予自上印綬，與先生及歐陽伯威歲講同甲之會，月為真率之集。先生文華有餘，凡予小圃草木猿鶴悉為賦詩，

30　《全宋詩》，第 42 冊，第 26156 頁。

語新而事的，卷軸盈篋，今失良朋，能無永嘆。[31]

據上及周必大《慶元丁巳予與伯威歐陽兄德源葛兄三講丙午齊年會德源之子玢繪三壽圖求贊月日皆丙午也》《三月二十八日春華樓前芍藥盛開招歐葛二兄再為齊年之集次舊韻》，周必大當與歐陽伯威及葛德源在盧陵結有同甲會。該同甲會持續時間當從周必大致仕（1195 年）至葛澟過世（1200 年）時為止。

歐陽鈇（1126-1202），字伯威，號寓庵，盧陵（今江西吉安）人。與周必大同年生，又同應舉，但屢試不第，乃篤意於詩。寧宗嘉泰二年卒，年七十七。（參周必大《歐陽伯威墓誌銘》）

葛澟（1126-1200），字德源，盧陵人。四歲孤，又七年，母亡。依仲父唐州錄事參軍緯，苦學忘寢食，手抄書巨萬，無一字行草，淹貫經史。胡忠簡、周益國咸賓致為弟子師。（參周必大《葛先生澟墓誌銘》）

楊萬里、周必大、周必正三老會
葉寘《愛日齋叢抄》：

渡江以來，有若史忠定六老圖，周益公二老堂會，清時勝事，各擅一門，豈惟家庭之慶？又有劉沘者，寫益公與兄

31 周必大：《葛先生 墓誌銘》，《文忠集》卷七十二，文淵閣《四庫全書》本。

乘成居士必正、楊文節為三老圖，平園、誠齋集有詩，亦盧陵佳話也。[32]

周必大《二老堂會七兄樂語（戊午）》：

　　早似機雲入帝鄉，晚如廣受出咸陽。舊游應憶魚同隊，倦翼還欣雁著行。甲子八百九十期，醉鄉三萬六千場。新陽漸漏春消息，二老風流日月長。[33]

周必大《劉訥畫盧陵三老圖求詩》：

　　同辭官路返鄉閭，兩驦驪中間以駑。前後顧瞻羞倚玉，支干引從偶連珠。三人不必邀明月，九老何妨續畫圖。從漢二疏唐尹後，相親相近此應無。[34]

楊萬里《劉訥敏叔秀才寫乘成先生平園相國及予為〈三老圖〉因署其後》：

　　旦奭行間著季真，黃冠不合附青雲。《二南》風裡君知

32　葉實：《愛日齋叢抄》卷二，《四部叢刊》本。
33　《全宋詩》，第 43 冊，第 26823 頁。
34　《全宋詩》，第 43 冊，第 26793 頁。

麼，添個委蛇退食人。

劉郎寫照妙通神，《三老圖》成又一新。只道老韓同傳好，被人指點也愁人。[35]

據上，周必大一一九五年致仕（參《全宋詩》周必大小傳）歸家廬陵後當與七兄周必正有二老堂之會。因楊萬里賦閒歸吉安後的加入，此二老會變成三老會。此三老會活動時間當在一一九五至一二〇四年（周必大卒年）之間。

周必正（1125-1205），字子中，自號乘成，廬陵（今江西吉安）人。必大從兄。以祖蔭補將仕郎，監潭州南嶽廟。久之，調司戶參軍，改知建昌軍南豐縣。秩滿，除主管官告院，進軍器監丞。出知舒州。孝宗淳熙中徙知贛州。擢提舉江東常平茶鹽公事。寧宗開禧元年卒，年八十一。

郭應祥詩社

郭應祥《菩薩蠻·三月六日靜勝小集》：

去年今日游稽古。斕斑曾著萊衣舞。四世共團欒。津然一笑歡。歸期今不遠。孳累俱先遣。猶有社中人。相從寂寞濱。[36]

35　《全宋詩》，第 42 冊，第 26640 頁。

36　唐圭璋編：《全宋詞》，中華書局，1965 年版，第 2217 頁。

據「猶有社中人。相從寂寞濱」云云，郭應祥許與人結有詩社。又據王福美《郭應祥仕履考》：郭應祥於一二〇四年至一二〇七年間官江西吉州泉江令，這首詞作於一二〇七年。據此，該詩社當是一二〇四年左右郭應祥官吉州泉江任上所結[37]。

郭應祥（1158-？），字承禧，號遁齋。臨江軍（今江西省清江縣）人。淳熙八年（1181）進士。曾在楚、越一帶做官，仕履不可考。著有《笑笑詞》一卷。

二、上饒詩社群

上饒詩社群主要是由寓居上饒的詩人所結，其中辛棄疾及上饒「二泉」（韓淲、趙蕃）為主要人物。辛棄疾曾於一一八二年至一一八八年間寓居上饒帶湖，又曾於一一九四至一二〇二年間寓居上饒鉛山，寓居時間長達十幾年。而韓淲、趙蕃寓居時間更長，先後達幾十年之久。這些人在上饒寓居期間結有很多詩社。

辛棄疾上饒帶湖詩社

絕代佳人，曾一笑、傾城傾國。休更嘆、舊時清鏡，而今華髮。明日伏波堂上客，老當益壯翁應說。恨苦遭、鄧禹笑人來，長寂寂。詩酒社，江山筆。松菊徑，雲煙屐。怕一觴一詠，風流絃絕。我夢橫江孤鶴去，覺來卻與君相別。記

37　王福美：《郭應祥仕履考》，中國社會科學院研究生院學報 2002 年增刊，第 96 頁。

功名、萬里要吾身，佳眠食。[38]（辛棄疾《滿江紅‧送徐撫干衡仲之官三山時馬叔會侍郎帥閩》）

據蔡義江《辛棄疾年譜》：該詞作於一一八九年辛棄疾居上饒時；又辛棄疾於淳熙十二年（1182）至紹熙元年（1191）居上饒，且淳熙十二年間辛棄疾與徐衡仲有唱和，見辛詞《鷓鴣天‧徐衡仲惠琴不受》[39]。綜上，該詩社當在上饒，活動於一一八二年至一一九一年間。

辛棄疾（1140-1207），字坦夫，改字幼安，號稼軒，齊州歷城（今山東濟南）人。歷任湖北、江西、湖南、福建、浙東安撫使等職。與蘇軾並稱「蘇辛」。他是我國著名豪放派代表詞人，也是南宋時期著名愛國將領。

徐安國，字衡仲，上饒人。嘗為岳陽州學官，又嘗任連山令。

辛棄疾鉛山詩社

五雲高處望西清。玉階升。棣華榮。築屋溪頭，樓觀畫難成。長夜笙歌還起問，誰放月，又西沉。家傳鴻寶舊知名。看長生。奉嚴宸。且把風流，水北畫耆英。咫尺西風詩

---

38 唐圭璋編：《全宋詞》，中華書局，1965 年版，第 1888 頁。

39 蔡義江、蔡國黃：《辛棄疾年譜》，齊魯書社，1987 年，第 148 至 197 頁。

酒社，石鼎句，要彌明。**40**（辛棄疾《江神子·和李能伯韻呈趙晉臣》）

據《辛棄疾年譜》：該詞作於嘉泰元年辛棄疾居鉛山時，又辛棄疾於慶元二年（1196）至嘉泰二年（1202）居鉛山。綜上，辛棄疾似於一一九六年至一二〇二年間在鉛山與李能伯、趙晉臣諸人結有詩社。

趙不迂，字晉臣，紹興二十四年進士，直敷文閣學士，趙士衸四子。他曾在紹熙、慶元間建書樓於永平北門以供眾覽。內藏書數萬卷。慶元二年（1196）趙不迂從江西漕使崗位上被免職，退隱永平閒居。退隱期間，趙不迂與辛棄疾過從甚密。

李能伯其人不詳。

趙不遹真率會

辛棄疾《壽趙茂嘉郎中二首》之二：

鵝湖山麓湛溪湄，華屋眈眈照綠漪。子侄日為真率會，弟兄剩有唱和詩。楊花榆莢渾如許，苦筍櫻桃正是時。待酌西江援北斗，摩挲金狄與君期。**41**

據「子侄日為真率會」，趙茂嘉當與家人結過真率會。又據

40　《全宋詞》，第 1957 頁。
41　《全宋詩》，第 48 冊，第 30004 頁。

《稼軒先生年譜》云該詩作於淳熙十六年（1189）辛棄疾居上饒時[42]及詩中「鵝湖山麓」云云，該真率會當差不多於一一八九年結於上饒。

據《稼軒先生年譜》趙茂嘉為趙不遁。事見謝旻修《（康熙）江西通志》卷九十六：「趙不迂，字晉臣。嘗創書樓於上饒。兄不遁，字茂嘉，後改名不過。登進士第，為清湘令，嘗立兼濟倉於鉛山天王寺。」

韓淲、吳子隆詩社

韓淲《感皇恩·和吳推官》：

> 詩社酒徒閒，村村花柳。月榭風亭更霞牖。臨春結綺，又是那回時候。不禁中夜雨，相僝僽。弄蕊攀條，為尋芳酒。一斗誰能問千首。江南雲夢，空說氣吞八九。持杯人共我，能吟否。[43]

韓淲《吳推官同昌甫諸人飲澗上》：

> 世味嚼蠟爾，臨風強吟哦。故人今誰來，門前車馬多。招邀忽聚集，款曲成婆娑。齒髮我已老，歲月如擲梭。有酒不為飲，奈此好事何。分題詠清趣，但恐俗所呵。吳侯金閨

42 陳思編撰：《辛稼軒先生年譜》，民國遼海叢書本。
43 《全宋詞》，第 2250 頁。

彥，公余乃相過。歡笑酬座人，時春復清和。濯我澗上泉，因之而嘯歌。**44**

據劉宰《送吳兄入京序》「吾鄉吳子隆兄宦游五十年，進不求榮，退不謀利……在官公餘，即閉門讀未見書，或招勝友命駕出游、飲酒賦詩以為樂。於儀真同僚中，惟與今春官小宗伯曹公及前農卿辛公厚。在揚、在杭非此所知。故章泉趙先生在日，與某書言，子隆在上饒時，同僚無可其意，所與游惟寓客章泉與南澗韓先生及今奉常餘公耳」**45**、陳造《送吳子隆節推之官信州五首》、陳造《吳節推趙楊子曹器遠趙子野攜具用韻謝之》及韓淲《送吳推官》「執友曹器遠，高才步瑤京。許予非詞伯，只字罔敢輕。因君官玉溪，乃曰能詩聲……忽焉秩滿歸，歲月流電經……器遠如相忘，為說華髮生。君之趙子野，惜未同鷗盟。所賦定益奇，南北兩山橫」，韓淲詩中所謂吳推官當為吳子隆。該詩社當在信州，參與者當還有趙蕃。

韓淲（1159-1224），字仲止，號澗泉，祖籍開封，南渡後隸籍上饒（今屬江西）。元吉子。早年以父蔭入仕，為平江府屬官，後做過朝官。寧宗慶元六年（1200）藥局官滿，嘉泰元年（1201）曾入吳應試。未幾被斥，家居二十年。淲清廉狷介，與同時知名詩人多有交游，並與趙蕃（章泉）並稱「二泉」。

---

44 韓淲詩皆參《全宋詩》，第 52 冊。
45 劉宰：《送吳兄入京序》，《漫塘文集》卷十九，民國嘉業堂叢書本。

趙蕃（1143-1229），字昌父，號章泉，原籍鄭州，南渡後僑居信州玉山（今屬江西）。早歲從劉清之學。曾為太和主簿，調辰州司理參軍，因與知州爭獄罷。時清之知衡州，求為監安仁贍軍酒庫以卒業，至衡而清之罷，遂從之歸。後奉祠家居三十三年。年五十猶問學於朱熹。理宗紹定二年，以直秘閣致仕，同年卒，年八十七。謚文節。

韓淲、吳紹古詩社

韓淲《送推官攝邑鉛山》：

> 準擬新涼共酒卮，溪山到處少清詩。何年結社得如此，比日登樓已可知。制邑且分蓮幕去，鳴琴應負錦囊隨。鵝湖石井青楓峽，又近淵明把菊時。

因韓淲《澗泉集》中有許多與吳子似唱和的詩作；又據《鉛山縣志·卷十一·名宦》「吳紹古字子嗣，鄱陽人。慶元三年（1197）任鉛山尉」，故該推官疑為吳子似。該詩社活動時間也當在一一九七年左右，活動地當為上饒。

韓淲、趙蕃所結其他詩社

據韓淲詩《送趙推官衡州》「著眼塵網外，納身詩社中」、《海月謠·送趙永興宰》「酒徒詩社，自此冷落」、《次韻蓋友》「交游盡詩社，名譽得蘇端」和趙蕃詩《送章季亨》「詩社三年陪唱屬，交情一意保終初」、《呈梁從善》「不但梁邢丈人行，更吾騷雅社中人」、《用初三日韻簡伯玉昆仲》「同社推詩好，今宵況月明」，韓淲與趙蕃當還與人結有許多詩社，只是囿於材料限制這

些詩社皆不可考。但因韓淲家居上饒二十來年,而趙蕃居上饒時間更長,這些詩社當有很大一部分活動於上饒。

王洋真率會

王洋《季文作真率會遇大雪寒甚主人之居狹不容散步為嫌作數語為解》:

　　　　一風一雨天醞雪,溪上行人手吹裂。主人掃巷作光華,滿注金罍喚賓客。酒酣耳熱膽量寬,容我口開非逼仄。天寒促膝政相宜,共道興來連舉白……**46**

據上,王洋當與凌季文諸人結有真率會。又據曾幾詩《挽王元渤舍人二首》「觴詠陪真率,言談見坦夷」,曾幾似也有可能參與該真率會(曾幾於一一四九年至一一五五年僑居上饒)。又據王洋詩《陳長卿凌季文自弋陽寄酒曲以詩謝之》「六十行年兩鬢蒼,興來猶愛引杯長」及《己巳(1149)三月十二日陪凌季文游水南陳氏園次壁間徐明叔韻》,王洋與凌季文結真率會似可能在一一四九年前後。又因王洋紹興十七年(1147)後即寓信州,故該真率會亦似當在信州。

王洋(1087?-1154?),字元渤,原籍東牟(今山東蓬萊),僑居山陽(今江蘇淮安)。徽宗宣和六年(1124)進士。高宗紹興元年(1131),召為秘書省正字。歷校書郎、吏部員外

46　王洋詩參《全宋詩》,第 30 冊。

郎，守起居舍人，坐事免。十年，由權發遣吉州改知邵武軍。十七年，由知饒州任罷。寓信州，因居所有荷花水木之勝，自號王南池，辟室曰半僧寮。

凌景夏，字季文，余杭人。紹興二年對策第二，呂頤浩稱其詞勝張九成，任紹興府觀察推官。帥綦崇禮薦於上。六年，擢秘書省正字。八年，遷著作佐郎。九年，景夏與館職胡珵、朱松、張廣、常明、范如圭等六人共奏封事，言和議非便。秦檜憾之，除工部員外郎。檜罷兵，斥景夏知外郡及閒居凡十餘年。紹興二十五年秦檜死。又先後知撫州、襄陽府、鼎州、宣州諸府。

曾幾生平參本書相應章節。

三、南昌詩社群

南昌詩社群組成比較龐雜，其中有些詩社是由本地仕人所結，如裘萬頃詩社、張祥龍真率會；也有的詩社是由在南昌任職的官僚所結的，如辛棄疾、黃人傑豫章詩社；此外，還有的詩社是由避難人員所結，如曾原一、戴復古吟社。下面試分述之。

辛棄疾、黃人傑豫章詩社

曾豐《別陸德隆黃叔萬》：

> 歲在辛丑，始識陸德隆、黃叔萬於江西帥辛大坐上，握手論交而去。戊申，又會於中都，德隆得倅夔，叔萬得宰公安，言別次課贈之。

> 辛丑隨浮梗，鍾陵得盍簪。潛藩門若市，斂板客如林。氣宇黃陂闊，詞源陸海深。二豪談正劇，一坐口俱瘖。詩社

初容入，交盟後失尋。雲山千里眼，夢寐八年心。九陌迎連璧，孤燈話斷金。始猶疑面目，徐復記聲音……[47]

據上，辛丑年（1181）曾豐當參與過陸德隆、黃叔萬及江西帥辛大諸人所結詩社。又李吉甫撰《元和郡縣志》卷二十九：「南昌縣：漢高六年置，隋平陳改為豫章縣。寶應元年六月改為鐘陵縣，十二月改為南昌縣。」及詩意「辛丑隨浮梗，鐘陵得盍簪」云云，該詩社當在南昌所結。據蔡義江《辛棄疾年譜》，辛棄疾於一一八一年任江西安撫使時識曾豐[48]。可知，江西帥辛大當為辛棄疾。

曾豐（1142-？），字幼度，號撙齋，樂安（今屬江西）人。孝宗乾道五年（1169）進士。淳熙九年（1182）知會昌縣。十六年，知義寧縣。寧宗慶元改元（1195）時，知浦城縣。歷隆興、廣東、廣西帥漕幕，通判廣州，知德慶府。享年近八十。

黃人傑，字叔萬，南城（今屬江西）人。孝宗乾道二年（1166）進士。

陸德隆，據上詩題知其曾官四川。又據辛棄疾詞《六麼令》「用陸氏事送玉山令陸德隆侍親東歸吳中」，陸德隆又當嘗任玉山令。

47　《全宋詩》，第 48 冊，第 30227 頁。

48　蔡義江、蔡國黃：《辛棄疾年譜》，齊魯書社，1987 年版，第 135 頁。

裘萬頃詩社

裘萬頃《喜范光伯相過》：

　　章江東下幾灣洄，誰伴臞仙夜探梅。離別不禁詩社冷，遭逢莫放酒船回。冰霜滿眼歲將換，花柳轉頭春又來。安得飛騰九霄外，鞲鸞笿鳳日相陪。[49]

　　據詩意「離別不禁詩社冷」云云，裘萬頃當與范光伯結有詩社。又據「章江（即贛江）東下幾灣洄」云云，該詩社似當在作者家鄉南昌新建。

　　裘萬頃（？-1219），字元量，號竹齋，江西新建（今江西南昌）人。孝宗淳熙十四年（1187）進士。光宗紹熙四年授樂平簿。寧宗嘉定六年，召除吏部架閣。七年，遷大理寺司直，尋出為江西撫干，秩滿退隱西山。十二年再入江西幕，未及一月卒於官所。

　　范光伯其人不詳。

曹邊豫章詩社[50]

曹邊《寄豫章詩社諸君子》：

49　《全宋詩》，第 52 冊，第 32291 頁。
50　參歐陽光：《宋元詩社研究叢稿》，廣東高等教育出版社，1996 年版，第 278 頁。

向來心事劍能知，曾結仙人汗漫期。南浦看花春載酒，西園刻燭夜吟詩。淒涼風月隨殘夢，零落江湖似斷棋。千里洪崖秋水隔，暮雲無處說相思。[51]

據《宋詩紀事》：「邊，字擇可，號松山。御前應制，又為賈師憲之客。」（賈師憲為賈似道，其生卒年為 1213-1275）周密《武林舊事》：「姜特立與曹邊、周端臣同為御前應制」及曹邊詩《南徐懷古呈吳履齋》按注：吳履齋為吳潛，其生卒年為一一九五至一二六二，曹邊所結豫章詩社似當活動在理宗年間，地點為豫章。

曾原一、戴復古吟社

康熙《江西通志》卷九十四：

曾原一，字子實。興宗孫舉於鄉。嘗與從弟原郕同師廬陵楊伯子。紹定庚寅避亂鐘陵，與戴石屏諸賢結江湖吟社。及歸，偕其叔父益之傾資產築城以御寇。隱蒼山，構萬松亭，有詩號《蒼山集》，人多宗之。

據此，曾原一當在紹定庚寅（1230 年）與戴復古在南昌（南昌古曾稱鐘陵）結有吟社。

曾原一，字子實，興宗孫。紹定四年領鄉薦，嘗與從弟東湖

書院山長原郕師吉安廬陵楊伯子，俱博學，工詩。紹定庚寅避亂鐘陵。寇至，原一偕其叔益之，傾貲產，募丁壯，築城垣，為保障。寇知有備，不敢犯，民多德之。著有《選詩衍義》《蒼山詩集》。（參《萬姓統譜》卷五十七）

戴復古（1167-1247？），字式之，黃岩（今屬浙江）人，居南塘石屏山，因號石屏。敏子。少孤，篤志於詩，從林憲、徐似道游，又登陸游之門。後以詩游江湖間幾五十年，僅於理宗紹定五年為邵武教授。年近八十，始由其子琦自鎮江迎還，又數年後卒。

張祥龍真率會

釋道璨《柳塘外集・中沙張公先生墓誌銘》：

> ……竹堂徐公應科、北山王公申之、竹崖傅公梓、中沙張公祥龍，是四君子皆學修行立，識不識皆以先生稱之。昔者省女兄桃花峰下，一再登竹堂、竹崖門，獨未見北山。客有以謬語誦於公者，辱印可，雖不識猶識矣。中沙先生則少嘗執弟子禮者也。先生，字仲符，新建樵舍人。父某、母某。世以書種相授。先生少穎悟，不好弄，從昭州司法參軍王公若冰學，精敏自強，工倍師逸。挾所學游郡泮，屢魁諸生。郡博士期之以遠，先生亦自負一科不難取。而命不勝其有，衰甲場屋間，屢戰屢北，氣不少貶。受徒講學五十餘年，夜誦曉講，以道德性命為根本，以語言文字為枝葉……晚與竹堂、北山諸老仿洛下舊制，以文字飲為真率會，滄浪白髮，鮮明相照映，笑語流麗，花氣揚春，醉帽傾欹，皆可入畫。不數年，竹堂死、北山死，一老雖無恙，然驪駒在

門，僕夫整駕矣。寶祐戊午七月二十七日卒⋯⋯**52**

據上「晚與竹堂、北山諸老仿洛下舊制，以文字飲為真率會」云云，張祥龍在家鄉新建當與徐應科、王申之諸人結有真率會。又據張祥龍卒於寶祐戊午（1258），故該真率會活動時間追溯於一二五八年前一些年。

徐應科、王申之生平不詳。

四、南宋江西其他地區詩社

南宋江西其他地區詩社主要是指活動於今撫州、九江、宜春三個地區的詩社。其中黃文雷詩社、張自明詩社、危積七老會活動於今江西撫州，這幾個詩社基本上是由本地仕宦組織的。而喻良能詩社、周紫芝廬山詩社、王十朋楚東詩社則活動於今江西九江，他們基本上是由外地官僚組織的。另外，向子諲清江詩社、陳公璟詩社則活動於今江西宜春地區，這兩個詩社也當為本地仕人所結。下面試分述之。

周紫芝廬山詩社

周紫芝《千秋歲・春欲去二妙老人戲作長短句留之為社中一笑》：

52　釋道璨：《中沙張公先生墓誌銘》，《柳塘外集》卷四，文淵閣《四庫全書》本。

送春歸去。說與愁無數。君去後，歸何處。人應空懊惱，春亦無言語。寒日暮，騰騰醉夢隨風絮。盡日間庭雨。紅濕秋千柱。人恨切，鶯聲苦。擬傾澆悶酒，留取殘紅樹。春去也，不成不為愁人住。

據任群編周紫芝年譜，周紫芝一一五四年到廬山，作堂，號「二妙」，自號「二妙老人」，並多與祁寬唱和，此時祁寬正寓居廬山[53]。故該詩社當成立於一一五四年。社友或有祁寬。又因周紫芝差不多一一五五年過世，故該詩社差不多亦此時消亡。

周紫芝（1082-1155），字少隱，號竹坡居士、靜觀老人、蠅館主人，宣城（今屬安徽）人。早年兩次赴禮部試，不第。高宗建炎元年，曾應詔上書。紹興十二年，以廷對第三釋褐，時年六十一。十五年，以右迪功郎為尚書禮、兵部架閣。十七年為詳定一司敕令所刪定官兼權實錄院檢討。二十一年，出知興國軍。秩滿定居九江，約卒於紹興末，年近八十。

祁寬，字居之，均州人。（一作均陽）南渡後寓廬山，隱居不仕。和靖門人。

王十朋楚東詩社

孫詒讓《溫州經籍志》卷三十二集部：

---

53 任群：《宋代詩人周紫芝研究》，南京師範大學 2006 年碩士論文，第79頁。

　　案，《楚東酬唱集》今無傳本，以梅溪後集考之，蓋隆興甲申梅溪知饒州時與何子應（子應之名集未見，考韓淲《澗泉日記》卷上云：「陳恬叔易、何麒為作志」；卷下又云：「何子應作陳叔易墓誌甚佳。」據此，是子應名麒也。《宋詩紀事》四十二有何麒，而不載其字與籍貫，後集九有《次韻安國讀薦福壁間何卿二詩悵然有感》，詩自注：何卿每有歸蜀之念，既死，其子以其喪歸葬於吳。然則麒蓋蜀人也。）王嘉叟（《直齋書錄解題》十八復齋制表二卷刑部侍郎王秬嘉叟撰。初寮安中之孫，紹興乾道間名士也，陸放翁與之厚善。）陳阜卿（《中興館閣錄》七著作佐郎題名：陳之茂，字阜卿，毗陵人，張九成榜同進士出身，紹興三十年四月除，八月除監察御史。）洪景盧（名邁，鄱陽人，《宋史》三百七十三有傳。）四人酬唱之詩輯為此集……又按，梅溪以甲申六月出知饒州，七月至郡，見後集八，後集九《哭何子應詩》云「新編刊未就，楚些又招魂」，自注：何以二月二十二日行部方議開《楚東酬唱集》，蓋是集編成開版當在乙酉春矣。又云：安國讀酬唱集有「平生我亦詩成癖，卻悔來遲不與編」之句。今欲編後集，得佳作數篇，為楚東詩社之光……

　　據此，楚東詩社當成立於甲申六月（1164）王十朋出知饒州的時候，參與者當還有何麒、陳之茂、王秬及洪邁。又據「安國讀酬唱集有：『平生我亦詩成癖，卻悔來遲不與編』之句，今欲編後集，得佳作數篇，為楚東詩社之光」云云，張孝祥亦當參與

詩社。又據汪應辰撰王十朋墓誌銘，王十朋於乾道元年（1165）七月自饒州移知夔州。固該詩社活動時間當僅一年左右。

王十朋（1112-1171），字龜齡，號梅溪，溫州樂清（今屬浙江）人。高宗紹興二十七年進士。初添差紹興府僉判，三十年，除秘書省校書郎，尋兼建王府小學教授。三十一年，遷著作佐郎、大宗正丞，得請主管台州崇道觀。孝宗即位，先後歷知饒州、夔州、湖州、泉州諸府。卒諡忠文。

何麒，字子應，青城（今四川灌縣東南）人。張商英外孫。高宗建炎元年（1127）為宣教郎。紹興十一年（1141），賜同進士出身，為夔州路提點刑獄。十二年，試太常少卿。十三年，知邵州，未幾落職，主管台州崇道觀，道州居住。（參《全宋詩》及《宋詩紀事小傳補正》）

王秬（？-1173），字嘉叟，安中孫。寓居泉南。高宗紹興十九年（1149），以右宣教郎干辦行在諸軍審計司。二十五年，為淮南轉運判官。歷知撫州、江州，通判洪州。孝宗乾道四年（1168），為江東轉運副使。入為權刑部侍郎兼權詳定一司敕令。七年，知饒州。九年卒。

陳之茂（？-1166），字阜卿，無錫（今屬江蘇）人。高宗紹興二年（1132）進士。六年，為休寧尉。三十年，為秘書省著作郎，監察御史。三十一年，知吳興，次年改知平江。孝宗隆興元年（1163）知建康，二年知隆興。乾道二年再知建康，旋致仕。

洪邁（1123-1202），字景盧，號容齋，鄱陽（今江西波陽）人。高宗紹興十五年（1145）進士，授兩浙轉運司干辦公事。入為敕令所刪定官。以父忤秦檜，出教授福州。累遷左司員外郎。

三十二年，進起居舍人，假翰林學士使金，不屈被拘，回朝後以辱命論罷。起知泉州。孝宗年間，又先後歷知吉州、贛州、建寧府、婺州。淳熙十二年，以提舉佑神觀同修國史。十三年，拜翰林學士。光宗紹熙二年，以端明殿學士致仕。卒諡文敏。

張孝祥（1132-1170），字安國，號於湖居士，歷陽烏江（今安徽和縣東北）人。高宗紹興二十四年（1154）進士第一。初授簽書鎮東軍節度判官。累遷中書舍人，直學士院兼都督府參贊軍事，領建康留守。力贊張浚主戰，為宰相湯思退所忌，以張浚黨落職。思退罷，起知靜江府兼廣南西路經略安撫使，復以言者罷。俄起知潭州，權荊湖南路提點刑獄，遷知荊南、荊湖北路安撫使。乾道六年卒。

喻良能詩社

喻良能《次韻林明府何主簿唱酬之什》：

> 向來十載願識韓，一日下車許追攀。美句已出黃初右，清談尚餘正始間。煩公筆底瀾翻水，洗我胸中壘塊山。更挽何郎入詩社，三人俱有彩衣斑。[54]

據「更挽何郎入詩社，三人俱有彩衣斑」云云，喻良能當與林明府、何主簿結有詩社。又據喻良能《次韻奉酬林明府詠梅》自注「時龜齡王丈在鄱陽」，故該詩當作於一一六四至一一六五

54　《全宋詩》，第 43 冊，第 27001 頁。

年間[55]。再參王十朋詩《讀喻叔奇送行六詩》:「鄱陽同事九十日,尊酒相呼恨不多。」綜上分析,喻良能與林明府、何主簿所結詩社似在其鄱陽丞任上,詩社成立時間當在一一六四至一一六五年間。

喻良能,字叔奇,號香山,義烏(今屬浙江)人。高宗紹興二十七年(1157)進士,補廣德尉。歷鄱陽丞、星源令,通判紹興府。孝宗乾道七年,為建寧府學官。累官國子主簿,工部郎中、太常丞。出知處州,尋奉祠,以朝請大夫致仕。

林明府、何主簿其人生平不詳。

危積七老會

《宋史·危積傳》:

> ……久之,提舉崇禧觀,與鄉里耆艾七人為真率會。卒,年七十四。[56]

《兩宋名賢小集》卷二百六十五《巽齋小集》:

> 危積,字逢吉,舊名科,臨川人。淳熙十四年試春官知舉,洪公邁稱其文踔厲雅健,登乙科。授南康軍教授。士經

55　據徐順平《王十朋評傳》,王十朋 1164 年七月到鄱陽任,1165 年七月移知夔州。參該書第 197 頁。

56　脫脫等:《宋史》危積本傳,卷四百一十五。

指授，文體丕變。後知湖州。又知漳州，為義冢，葬喪之無主名二千三百餘；建龍江書院，奏罷經總制無名錢五千緡。與部使者忤，請祠歸，築屋城南嵩源，與鄉老七人為真率會。自號巽齋，又號驪塘，卒年七十四。真西山德秀嘗舉自代，至是銘其墓。[57]

據上，危稹致仕歸家臨川後當與鄉人結有真率會。因危稹在知漳州任上退歸[58]，又據《明一統志》卷七十八「危稹，嘉定中（1216）知漳州，立義冢，廢淫祠，建龍江書院」及《增訂注釋全宋詞》危稹生卒年（約 1158-約 1234），該真率會大約當活動於嘉定中（1216 年）至一二三四年間。

危稹，原名科，字逢吉，號巽齋，又號驪塘，撫州臨川（今屬江西）人。孝宗淳熙十四年（1187）進士，調南康教授。移臨安府教授，入為武學諭，改太學錄。寧宗嘉定九年（1216）建宗子學，充宗學博士。累遷著作郎兼屯田郎官。因撰詩送柴中行去國，忤宰相，出知潮州。移知漳州，請老，提舉崇禧觀。卒年七十四。

黃文雷、曾原一詩社

見劉壎《隱居通議》卷九詩歌四《黃希聲古體》：

---

57 陳思：《兩宋名賢小集》卷二百六十五《巽齋小集》，文淵閣《四庫全書》本。

58 參《宋史》危稹本傳：「知漳州……郡有經、總制無名錢歲五千緡……悉罷之。會常平使有言，稹不欲辯，即自請以歸。」

……希聲名文雷，自號看雲。早以《春秋》學魁鄉舉，下第則游縉紳間。以箋啟四六，為吳運使子良、趙觀文與（缺）所知。當是時荊溪節齋之名滿天下，希聲藉以為重。淳祐庚戌乃以《詩經》擢進士科。趙公知臨安，辟以為酒官。既而舟歸，次嚴陵灘覆溺，失屍，聞者悲之。有《看雲集》數十卷，尤長於詩，詩尤妙於長歌行。同時鄉里以詩名者碧澗利履道登、白雲趙漢宗崇嶓俱為社友，然品格俱不及公。贛之寧都有蒼山曾子實原一、撫之臨川有東林趙成叔崇嶧亦同時詩盟者也。

曾燠輯《江西詩徵》卷二十一：

　　黃文雷，字希聲，號看雲，南城人。與金溪趙崇嶧、寧都曾原一、南豐諶祐，號江西四大詩人。登淳祐十年進士，辟臨安酒官，舟歸次嚴陵灘，溺死，有《看雲小集》。

　　據上「同時鄉里以詩名者碧澗利履道登、白雲趙漢宗崇嶓俱為社友，然品格俱不及公。贛之寧都有蒼山曾子實原一、撫之臨川有東林趙成叔崇嶧亦同時詩盟者也」，可知黃文雷當與利登、趙崇嶧、曾原一、趙崇嶧在南城結有詩社。

　　利登，字履道，南城人。以《禮記》擢第，仕寧都尉。（見劉壎《隱居通議》卷九）

　　趙崇嶧（1198-1255），字漢宗，號白雲，居南豐（今屬江西）。太宗九世孫。寧宗嘉定十六年進士，調金溪主簿。歷知石

城縣、淳安縣，官至大宗丞。理宗寶祐三年卒，年五十八。

趙崇嶓，字成叔，號東林，臨川（今屬江西）人。理宗淳祐四年進士。寶祐元年入郴州軍幕。

張自明、戴復古南城詩社

戴復古《訪嚴坦叔》：

> 麻姑山下泊，城郭帶煙霞。攜刺投詩社，移船傍酒家。沙禽時弄水，櫸柳夏飛花。小酌未能了，西樓日又斜。[59]

戴復古《送吳伯成歸建昌》此詩是包宏父倅台時作，時當癸卯（1243）夏：

> 吾友嚴華谷，實為君里人。多年入詩社，錦囊貯清新。昨者袁蒙齋，招為入幕賓。千里有遇合，隔牆不見親。吾歸訪其家，說我老病身。別有千萬意，付之六六鱗。

曾燠輯《江西詩徵》卷十八：

> 張自明，字誠子，號丹瑕，南城人。嘉定元年進士，官衢州教授，江陵戶曹。從朱陸，明性理，尤精先天之學，與戴石屏、嚴華谷結詩社。學者稱丹瑕先生。

59　戴復古詩皆參《全宋詩》，第 54 冊。

據上，張自明當與戴復古、嚴粲（嚴華谷）諸人結有詩社。又詩《訪嚴坦叔（即嚴粲）》「麻姑山下泊，城郭帶煙霞」，該詩社當在建昌南城（麻姑山位於南城）。又據劉麗玲編《戴復古年譜》云《訪嚴坦叔》當作於紹定五年（1232）[60]，故該詩社亦當差不多活動於此時。

嚴粲，字坦叔，一字明卿，學者稱華谷先生，邵武（今屬福建）人。羽族弟。登進士第。曾為饒州掾，知清湘縣。理宗紹定間為徽州掾，與袁甫同寮三年。淳祐間寓臨安。

張自明，字誠子，號丹瑕，南城（今屬江西）人。寧宗嘉定元年進士。教授宜州，攝州事。理宗淳祐七年知安吉縣。事見《粵西金石略》卷一一。

向子諲、魯浣清江詩社

秦鏞《（崇禎）清江縣志》卷八：

> 魯浣，字子明。力學強記，尤精於易，喜吟詠。嘗與向子諲為詩社，既捐館，子諲念不置，和中秋詩有「點簡惟無姓魯人」之句。初浣有城園數畝，日事種蒔，植含笑花數十株，因自號「笑塢老人」。

裘君弘《西江詩話》卷五：

魯浣，字子明，清江人。力學善易，尤工吟詠。南宋初與向子諲為詩社友。有城園二十畝，塢內多含笑花，因號「笑塢老人」。

據上，向子諲與魯浣當在南宋初時結有詩社。因向子諲一一三九年至一一五二年（其卒年）一直裡居清江[61]，而魯浣又為清江人，且向子諲與魯浣唱和之作也一般都在向子諲卜居清江期間[62]。因此，向子諲與魯浣所結詩社當在清江，大概活動於一一三九年至一一五二年間。

向子諲生平參本書相應章節。

陳公璟詩社

楊萬里《西和州陳使君墓誌銘》：

君諱公璟，師宋其字，陳其姓，新蔡人也，今居袁之宜春……知開州、西和州，未赴西和，請為祠官，改主管建昌軍仙都觀，卒年六十四，終官朝散大夫……請祠官，超然自得，悠然自放，乃築池館，乃藝松竹，芳晨勝日，策杖孤往。詩狂酒聖，胥命同社。園翁溪友，所至爭席。往往登山

61　見樓鑰《薌林居士文集序》：「士夫往來者必造見，又素喜客相與觴詠其下。蓋自建炎初元罷六路漕，明年歸臨江，紹興八年起知平江，力辭不克，次年三月復歸，自是不出，優游十五年以壽終焉。」

62　參向子諲詞《鷓鴣天‧紹興壬戌（1142）中秋前數夕與楊謹仲魯子明劉曼容及子駒兄弟待月新橋》。

臨水，吟風弄月，窮日之力，至夕忘返。嘉泰二年十一月朔……後五日，夙興焚香，立而逝。[63]

　　據上「詩狂酒聖，胥命同社」云云，陳公璟當在家鄉宜春與人結有詩社。因陳公璟在開州任上退歸。又據黃廷桂《四川通志》卷七：「陳公璟，慶元初為開州刺史」及陳公璟卒於一二〇二年，故陳公璟與宜春鄉人所結詩社大約當活動在一一九五年至一二〇二年間。

第三節 ▶ 元代江西詩社

　　元代詩社的發展處於衰落期，同樣，江西詩社在元代也並不多。此時期，江西僅有八九個詩社。這些詩社主要活動於元代初期及元代末期，元代中期幾無江西詩社。元代初期詩社包括王義山東湖詩社、熊升龍澤山詩社、許月卿詩社、劉壎南豐詩社及徐元得明遠、香林詩社，這幾個詩社全為宋代遺民所結。元代末期詩社包括夏霖真率會、彭鏞詩社、方從義詩社及王竹逸、蕭極初詩社，其中夏霖真率會為怡老社團。元代江西詩社活動地比較分散，不像宋代江西詩社那樣相對比較集中。

63　楊萬里：《西和州陳使君墓誌銘》，《誠齋集》卷第一百三十二，《四部叢刊》本。

一、王義山東湖詩社

見王義山詞《念奴嬌·懷舊》：題臨湖閣閣在東陽向巨源所創洪容齋作記舊贅漕幕居其下。

南昌奇觀，最東湖好景，重重疊疊。誰瞰湖光新傑閣，橫抱翠峰巉崿。十里芙蓉，海神捧出，一鏡何明徹。鳶魚飛躍，活機觸處潑潑。容齋巨筆如椽，迎來一記，贏得芳名獨。猛憶泛蓮前日事，詩社杯盤頻設。倚看斜陽，簷頭燕子，如把興亡說。誰迎誰送，一川無限風月。[64]

據詩意「南昌奇觀，最東湖好景」「詩社杯盤頻設」，又據《稼村類稿·稼村自墓誌銘》「余辛巳歲卜居東湖」，可知該詩社應是作者晚年退居南昌東湖時所結，詩社活動時間大概應是從元辛巳年左右至王義山一二八七年過世止。詩社參與人員不詳。

王義山（1214-1287），字元高，豐城人，生於宋嘉定間。義山治《易》兼詞賦，四以賦薦，景定壬子為九題之冠。壬戌試別闈，發榜考官見義山名，皆以得人為賀。廷試乙科，授永州司戶關，累升通判瑞安軍府事。丙子宋大皇詔官民歸附，遂還故山，以讀書著文為事。至元己卯，行中書省俾路學以贄幣禮聘於家，辭勿獲，遂教授諸生。明年使掌江西學事。辛巳退老於東湖之上，環所居皆蓮，名其堂曰「君子」，又於先廬之旁扁一所曰

64　王義山：《稼村類稿》卷三十《樂府樂語》，文淵閣《四庫全書》本。

「稼村」。四方學者皆稱為稼村先生。（參《元詩選》）

二、熊升龍澤山詩社[65]

趙文《熊剛申墓誌銘》：

> 公諱升，字剛申，熊氏富州廣豐鄉獾上里人……堯峰陳先生煥，明經士，公雅敬之。時鄉里流離轉徙，公為堯峰作室與相依。曰：「科舉已矣，勉為我著書。」堯峰於六經自為傳數萬言，公發之也。丙戌與堯峰倡詩會，歲時會龍澤徐孺子論書處，一會至二百人，衣冠甚盛，觴詠率數日乃罷。飲食費皆我乎出，鄰郡聞之，爭求其韻賡和，願入社。其風流傾動一時如此……竟卒，元貞乙未閏四月十六日也……

據上，熊升於一二八六年間在富州（今江西豐城）與陳煥結有詩社。

陳煥，字詩可，豐城人，博學和易。黃謙父重其人，為築館居之。兩與鄉漕薦。入元隱居巏山不仕。取生平著述，定為《易傳宗》《書傳通》《詩傳微》《禮記釋》《四書補注》。嘗謂學者率信先儒而疑夫子，故講說必原夫子之意，不苟隨先儒議論。學者稱為巏山先生。（參《經義考》卷三十八）

65 該詩社參歐陽光《宋元詩社研究叢稿》，廣東高等教育出版社，1996年版，第290頁。

三、徐元得明遠、香林詩社[66]

戴表元《徐耕道遷葬碣》：

> 歲甲戌乙亥，余客金陵四幕，文武掾佐浮沉去來以千
> 計。徐君耕道在數中，余接之不及稔也。爾後三十年，來上
> 饒，於君為鄉，始獲知君之家世出處，及誦君詞賦，蓋上饒
> 之徐自衢徙而居，世黃塘。諱元得，字耕道……三年，不得已
> 遂歸黃塘，課子讀書，督奴灌畦，殊不為前時意度閒暇，惟與
> 宗族鄉黨相唱和，命詩社曰「明遠」，並主鄰社香林。社友又
> 為刊《小草六筆》者若干篇。癸巳夏，感疾。至秋加劇……書
> 畢而逝，十月某日也。生庚辰十一月某日，年七十四。

據上，宋末元初間徐元得當在家鄉上饒與鄉人結有明遠、香
林詩社。

四、許月卿詩社

許月卿《次韻程願二首》：

> 我家張許同生歲，果者堯時值聖明。丙子與君無貴者，
> 甲辰惟我亦同庚。閒雲萬嶺林泉興，明月一溪丘壑情。同歲
> 同心有如此，相期歲晚李歌行。

66　參歐陽光《宋元詩社研究叢稿》，第296頁。

二李歌行醉裡歌，君溪雨棹我煙蓑。鳳凰台上我山墅，虹馬軒高君月坡。曉徑焰間追李杜，夜窗灰裡撥陰何。長哦歲晚成二老，詩社往來君肯麼。[67]

　　據詩意「長哦歲晚成二老，詩社往來君肯麼」云云，該詩社或當為作者晚年歸隱家鄉婺源後所結。又據許仲鵬《宋山屋先生許公月卿行狀》，知許月卿於賈似道平章軍國重事時歸隱[68]（賈似道於一二六七年平章軍國重事，見《通鑑綱目續編》卷二十一：咸淳丁卯三年二月以賈似道平章軍國重事），故該詩社大約當活動於一二六七年至一二八五年間。

　　許月卿（1216-1285），字太空，學者稱山屋先生，婺源（今屬江西）人。從魏了翁學。早年入趙葵幕，理宗嘉熙四年（1240）以軍功補校尉，為江東轉運司屬官。淳祐四年（1244）進士，授濠州司戶參軍，七年，兼本州島教授。寶祐三年（1255）為江南西路轉運司干辦，攝提舉常平。召試館職，以忤賈似道罷，歸隱，自號泉田子。宋亡，改字宋士，深居不言。

　　張程願其人不詳。

67　《全宋詩》，第 65 冊，第 40545 頁。
68　參許仲鵬：《宋山屋先生許公月卿行狀》：「時賈似道平章軍國重事，權侔人主。至是，屢書起之。比至，似道恨相見之晚……未幾，以陳宜中易公，召並浙西職，罷去，公乃步歸故里。」見《全元文》卷一二一七。

五、劉壎南豐詩社

劉壎《水雲村稿‧曾從道詩跋》：

> 年時閱曾君思道詩，愛其珠明玉鏘，心目為快。今又閱
> 金昆從道詩，覺《元豐稿》更勝《曲阜集》。何曾氏群從多
> 材藝也？荊華葳蕤，重我吟社。細讀五古佳處，造詣似韋；
> 七古佳處，部勒似韓杜，律雖小劣，句亦多佳……**69**

據「荊華葳蕤，重我吟社」云云，劉壎與曾從道、曾思道當
結有詩社。又據劉壎生平，因其一生基本上都在家鄉南豐，所以
該詩社似亦當可能在南豐。詩社具體活動情況不詳。

劉壎生平參本書相應章節。

曾從道、曾思道其人不詳。

六、彭鏞詩社

《元詩選‧清江酒民彭鏞》：

> 鏞，字聲之，清江人。少穎敏過人，讀《春秋》通大
> 義，工詩不仕。與同郡楊士弘、劉永之輩結詩社。虞集見而
> 奇之曰：「臨江詩道之盛，他郡莫及。」性嗜酒，晚號清江

69　劉壎：《曾從道詩跋》，《水雲村稿》卷七題跋，文淵閣《四庫全書》
　　　本。

酒民，又號匏庵道人。所著有《蕙榜稿》。[70]

劉松《臨江府志·彭鏞》：

　　彭鏞，字聲之，龜年七世孫，清江人。穎敏，讀《春
秋》通大義，工詩。與郡人楊士弘、裴夢霆輩結詩社。虞集
見而奇之曰：「臨江詩道之盛，他郡莫及。」性嗜酒，晚號
清江酒民。所著有《蕙榜稿》，號匏庵道人。

　　據此，彭鏞當與楊士弘、劉永之、裴夢霆諸人在其家鄉江西
清江結有詩社。又據梁寅《山陰集序》「劉君仲修，郡城之世家
也。自其少時隨父宦游之四方，固已嗜學，業能文辭矣。迨兵革
搶攘之際，與郡士楊伯謙、彭聲之諸賢日究論雅道，如泰寧之
世」云云，該詩社大約當結於元末。
　　劉永之，字仲修，清江人。父應奇，知歸州。永之少隨父宦
游，治《春秋》學，能文詞，家富於貲。至正間，四方兵起，日
與郡士楊伯謙、彭聲之、梁孟敬輩講論風雅，當世翕然宗之。洪
武初，曾征至金陵。嗣子奉獲罪縣官，籍其家，奉既死，永之亦
徙東萊，至桃源病卒。仲修好書甚篤，篆楷行草皆有法，因自號
山陰道士。所著詩文曰《山陰集》。（參《元詩選》）
　　楊士宏，字伯讓（謙），襄城人。祖仲明官清江，遂占籍

70　顧嗣立：《元詩選》三集卷四，文淵閣《四庫全書》本。

焉。嗜學工詩，有《鑑池春草集》。（曾燠《江西詩徵》）

裴夢霆，字應祥。性孤潔。嘗築室南郊，儲書四千卷，扁曰原南草堂。日與郡人彭聲之、楊伯謙輩講學賦詩，時稱三鳳。至正辛卯（1351）進士，授江浙儒學副提舉，未行。壬辰兵變議集義兵備禦，未幾卒。所著有《鳴秋稿》。（《清江縣志》）

七、方從義詩社

康熙《江西通志》卷一百六：

> 方壺子，姓方氏，名無隅，龍虎山人。學仙於金蓬頭，結社於張孟循、盧伯良。其畫冠絕一時，尤精於竹。張宇初稱為壺仙。嘗於高石徐氏畫青山白雲圖，學士虞集題句。

據上，方壺子當與張孟循、盧伯良諸人結詩社。因他們皆為貴溪人，該詩社疑當活動在貴溪。據結社諸人生平看，該社大約當活動於元末。

方從義，字無隅，貴溪人。上清宮道士。畫師高、米，游京師最久，頗負才尚氣，眾目為狂士，而公卿大夫反以是賢之。老歸江南，修道於金門之小洞天，自號方壺子，又號不芒道人、金門羽客。（《江西詩徵》卷九十一）

張率，字孟循，廣信人。元季江右以詩名者，若張仲舉、黃君瑞、危太朴，率嘗頡頏其間。吳元年征知嘉定州，秩滿，以老賜還，杜門教授，遺詩有《張嘉定集》。（《列朝詩集》甲集卷十八）

盧伯良，江西貴溪人。見張宇初《華陽吳先生壽頌有序》：

「余友華陽先生……世家饒之安仁，為邑大姓，近遷吾裡。幼知嗜學，凡其鄉先生若李公仲公、張公子東、黃公均瑞，而吾裡張公孟循，盧公伯良，夏公伯成，皆從之游。」[71]

八、王竹逸、蕭極初詩社

康熙《江西通志》卷九十四：

> 王竹逸、蕭極初皆贛縣人，力學攻詩賦。自幼為同社友，喜購先賢墨跡。當元季之亂，二人間關險阻，未嘗少離，凡憂愉感遇悉見於詩，名《聯輝集》。

裘君弘輯《西江詩話》卷六：

> 陳謨，字一德，泰和人。元末避亂興國，與王竹逸、蕭極初為詩社友，學者稱海桑先生。

據上，元末時陳謨當與王竹逸、蕭極初諸人在興國結有詩社。又據陳謨《乙巳（1365）除日次蕭極初韻》《別竹逸、極初歸錫洲》，該詩社似大約當活動於一三六五年。

陳謨，字一德，泰和人。元時隱居不仕。洪武初，征詣京師，賜坐議禮。學士宋濂、待制王禕請留為國學師。謨引疾辭

---

71 張宇初：《峴泉集》卷三，文淵閣《四庫全書》本。

歸，家居教授，屢應聘為江浙考試官。（參《明史》卷一百七十）

九、夏霖真率會

王禮《麟原文集·教授夏道存行狀》：

> 君諱霖，字道存，吉水人也。先世居金陵，宋建炎中，始祖澤以刑部司門郎從孟太後南遷，至吉水，因家焉，世業儒……偽陳之在九江，趨者日眾，或諷君以進。君曰：「吾雖不能有為於昔，豈不能有守於今？」遂擇忠襄、文節二楊公之里，卜築以老焉。於時鄉曲親朋、齒德相近者得九人，每遇良辰美景，必迭為賓主，飲酒賦詩以為樂，名曰真率會。好事者繪為九老圖，大夫士家莫不欣羨。蓋山林恬退之趣，君於是專之矣，故亦自號退庵老人云……翛然而逝，實洪武八年六月十四日也，享年六十有六。[72]

據上可知，該真率會當為夏霖於元末結於吉水。

夏霖（1310-1375），字道存，號退庵老人。江西吉水人。鄉郡教授。

其他人員已不可考。

72　王禮：《麟原文集》前集卷三，文淵閣《四庫全書》本。

參考文獻

1. 顧嗣立：《元詩選》，文淵閣《四庫全書》本。

2. 歐陽光：《宋元詩社研究叢稿》，廣東高等教育出版社，1996 年版。

3. 楊萬里：《誠齋集》，《四部叢刊》本。

江西文庫 A0701B06

贛文化通典（詩詞卷）　第二冊

主　　編	鄭克強
版權策畫	李　鋒
責任編輯	林以邠

發 行 人	陳滿銘
總 經 理	梁錦興
總 編 輯	陳滿銘
副總編輯	張晏瑞
編 輯 所	萬卷樓圖書股份有限公司
排　　版	菩薩蠻數位文化有限公司
印　　刷	維中科技有限公司
封面設計	菩薩蠻數位文化有限公司

出　　版　昌明文化有限公司

桃園市龜山區中原街 32 號

電話　(02)23216565

發　　行　萬卷樓圖書股份有限公司

臺北市羅斯福路二段 41 號 6 樓之 3

電話　(02)23216565

傳真　(02)23218698

電郵　SERVICE@WANJUAN.COM.TW

大陸經銷　廈門外圖臺灣書店有限公司

　　電郵　JKB188@188.COM

ISBN 978-986-496-222-8

2018 年 1 月初版

定價：新臺幣 320 元

如何購買本書：

1. 轉帳購書，請透過以下帳戶

　合作金庫銀行 古亭分行

　戶名：萬卷樓圖書股份有限公司

　帳號：0877717092596

2. 網路購書，請透過萬卷樓網站

　網址 WWW.WANJUAN.COM.TW

大量購書，請直接聯繫我們，將有專人為您

服務。客服：(02)23216565 分機 610

如有缺頁、破損或裝訂錯誤，請寄回更換

版權所有·翻印必究

Copyright©2016 by WanJuanLou Books CO., Ltd.

All Right Reserved　　　　Printed in Taiwan

國家圖書館出版品預行編目資料

贛文化通典. 詩詞卷 / 鄭克強主編.-- 初版.

-- 桃園市：昌明文化出版；臺北市：萬卷

樓發行, 2018.01

　冊；　公分

ISBN 978-986-496-222-8 (第二冊：平裝). --

1.詩詞 2.文學評論 3.江西省

672.408　　　　　　　　　107002004

本著作物經廈門墨客知識產權代理有限公司代理，由江西人民出版社授權萬卷樓圖書

股份有限公司出版、發行中文繁體字版版權。

本書為臺灣師範大學國文學系產學合作成果。　　　校對：戴志恩